Empoderando Su Marca Personal

¡Todo lo que necesita saber para crear, posicionar y ganar con su marca personal!

NÉSTOR ALFARO CAJINA

3ª edición. Noviembre 2022

ISBN KDP: 9781707028245

DEDICATORIA

Dedicado a usted.
Este libro le aporte valor durante toda su vida.
Ésta es mi intención para usted y para el mundo.

ÍNDICE

AGRADECIMIENTOS

Agradezco, principalmente, a Dios Todopoderoso, por concederme la sabiduría y fuerzas para seguir adelante en la finalización de este libro. Por regalarme el don de la vida, por haberme enseñado el camino del éxito diario. A mis padres y mis queridas hijas, por brindarme siempre su ayuda, su apoyo y consejos, y haber sido una pieza clave de empuje en momentos que realmente lo necesitaba. A mi abuela Mimi por haberme enseñado con su ejemplo lo importante de tener un carácter fuerte y firme.

Agradezco aquellas personas que no creen en mi persona, he aprendido de ellas que tengo que mejorar algún aspecto de mi vida.

A mis amigos del JMT (John Maxwell Team Español), mi primer Máster Mind Virtual, donde estudiamos el libro "Las 15 Leyes Indispensables del Crecimiento" de John C. Maxwell. A todas las personas que, de una u otra manera, me han ayudado en el proceso del libro y de mi transformación de mi marca personal.

Vivimos en un mundo de prosperidad y de abundancia, todo depende del tipo de mentalidad que se tenga para reconocer este maravilloso mundo, lleno de oportunidades que Dios nos lo ha creado para usted y para mí.

INTRODUCCIÓN

En el año 2009, mi vida hizo un cambio tan radical que me marcó. Tan sólo una pequeña noticia me hizo despertar. El gran miedo de ser parte de la estadística de los desempleados a raíz de la gran caída económica, la gran recesión económica mundial.

Mi vida cambió desde ese mismo instante, por primera vez tuve miedo, me paralizó e incluso afectó mi salud debido que estaba casado y nuestra primera hija con un año y medio. Acepté con dolor esa noticia. Me tocó jugar con los momentos más horrible y oscuros de mi vida en mis ámbitos profesional y personal.

Estaba preocupado, tenía que administrar el poco dinero que tenía para solventar los gastos internos del hogar, además, tenía que incurrir en más gastos como la gasolina e impresión de mi hoja de vida para ir a buscar empleo. Mi hogar cada vez se volvía más tenso porque ambas familias estaban alarmadas.

Después de unos meses logré conseguir un trabajo con un salario muy bajo, nuevamente en el ámbito laboral, no estaba mal pero no me sentía bien. Mi autoconfianza cada

1

vez más bajo, poco a poco perdía la noción hacia donde iba mi vida.

Hasta que un día, decidí ingresar a estudiar, por las noches, un nuevo tema, sobre mercadeo por medio del internet, por las noches estudiaba e invertía para crear cursos por internet para venderlos, aplicaba lo que aprendía, obtuve pequeños y extraordinarios resultados por lo que observé una oportunidad para ganar un dinero extra.

En ese mismo año, invertí en un sitio web, el cual lo bauticé como Nessware.Net, cuyo significado deriva de mi propio nombre (Ness), además, mi primer trabajo en un nivel profesional lo realicé en el área de desarrollo de software (Ware) y mi gran sueño de crear una red (Net) de empresarios y empresas que puedan beneficiarse del Internet. Hoy día tiene otro nombre *Nessware Digital Tech Solutions*, aunque el propósito y la visión sigue siendo el mismo.

Además, decidí implementar un nuevo hábito de leer y estudiar libros de negocios y auto ayuda de escritores como John C. Maxwell, Robert Kiyosaki, Tony Robbins, Napoleón Hill, Jack Canfield, W. Clement Stone, Robin Sharma, Dr. Camilo Cruz, Dr. Miguel Ruiz, entre otros.

Gracias a los líderes anteriormente mencionados, mi vida de transformación empezó a darse de una manera más consciente, descubrí que existía algo especial en mi propio ser. No cabe duda, todos tenemos las mismas oportunidades de hacer realidad un sueño que lo llevamos en nuestros corazones.

Al cabo de unos años, nuevamente desempleado. Pero aparecen otros problemas mucho más grandes, por el faltante de ingresos otras personas me ayudaron, tuvieron que recurrir en toda carga económica del hogar, sin amigos, problemas con personas externas del hogar donde presionaban que tenía que irme de la casa por no ser un proveedor, tal como lo dicta la sociedad machista.

Dios siempre se proyectaba en mis hijas. Me mantuve firme porque sabía cuál eran mis propósitos y aún los mantengo firme: tener una familia y vivir con ella, además, ayudar a muchas personas en sus vidas y en sus negocios. Le soy honesto, no me conformo en ayudar en ser buena persona, sino ser un cambiador de vidas.

Tuvieron que suceder algunos momentos fuertes en mi vida para descubrir el gran potencial dentro de mi persona. Aquellos momentos duros y soledad generaron en mi persona el miedo de perder todo lo que amaba y hoy sigo amando: mi familia.

Mis sueños y anhelos de tener una familia, ser un profesional emocional y económicamente estable. Todo parecía que se iba a desaparecer por el simple hecho de estar desempleado, sin dinero, sin saber cómo generar dinero. Sentía que estaba en un túnel sin salida.

Muchas noches, miraba a mis hijas en sus camitas, con lágrimas en mis ojos, me sentía frustrado al verme que no tenía ningún centavo para comprarle algo en la navidad del 2013. Hablé con Dios y le externé mi estado actual, le hablé lo que más deseaba y que me diera una señal porque me sentía inútil ante la sociedad, tenía hambre de ayudar a muchas personas, necesitaba dinero..

Hasta que un día Dios me empoderó para ir conociendo mi propósito de vida. Hoy día vivo el momento más hermoso de mi vida, aún no he logrado muchos deseos, pero este libro es uno de ellos. Y usted es mi gran intención de mostrarle todo el potencial que lleva dentro.

Durante estos amargos años descubrí que usted y yo tenemos todo el gran poder interior y las herramientas necesarias para construir el estilo de vida que deseamos vivir, siempre y cuando todo lo que se haga sea bajo las leyes de Dios y del Universo.

Este es un libro totalmente diferente al resto que hablan sobre marca personal, mi enfoque es distinto. Usted nunca va a tener éxito con su marca personal si desconoce cuál es su propósito de vida, si no sabe cómo utilizar las herramientas internas para poder influenciar a más personas por medio del Internet. La base de su marca personal es usted.

Además, encontrará un esquema para que lo pueda incorporar en su estrategia de marketing digital. Es la base de la exposición de su marca personal en Internet. Usted merece que su marca personal genere dinero, esa cantidad que necesita pero primero tiene que saber cómo influenciar virtualmente. Le compartiré cómo lo descubrí.

Conforme vaya leyendo y aprendiendo sobre esta nueva forma de construir su marca personal, descubrirá cómo puede tener, ser o hacer lo que usted quiera. Además, el tipo de clientes que desea tener. Sabrá quién es usted y hacia donde quiere ir. Nos vamos a enfocar en 5 áreas que todo ser humano tiene que ir desarrollándose para lograr una vida totalmente impactante y lograr un nuevo estilo de vida.

Le garantizo que usted va a tener nuevos cambios, nuevas oportunidades y experiencias conforme vaya descubriendo el poder de su propio ADN. Porque allí está la esencia de su marca personal.

CAPÍTULO I
EL VERDADERO VALOR

"La mayoría acepta su vida, no lleva la batuta sobre ella"
John C. Maxwell

UNA NUEVA OPORTUNIDAD

Antes de iniciar quiero motivarle que empecemos con un ejercicio muy poderoso, el cual me ha ayudado a encontrar respuestas más acertadas. Son ese tipo de preguntas que nos ayudan a impulsar, nos sacan de la zona de confort, son preguntas abiertas y de tipo exploración.

Le cuento parte de mi historia personal y profesional sobre cómo empecé con este tema de marca personal y cómo fui desarrollando ese concepto en mi vida real. Siento el compromiso de compartirlo, porque enseño lo que practico.

¿Cuántas veces usted ha escuchado el término de marca personal? Posiblemente más de un millón de ocasiones en

los últimos meses. ¿Cierto?

¿Cuántas veces ha visto algún video, leído un artículo en un blog o asistido a un seminario virtual o presencial sobre el tema de marca personal? Posiblemente varias veces en este año. ¿Cierto?

¿Cuántas veces ha comprado un curso, un libro o taller sobre marca personal que realmente aprendió algo nuevo? Es posible que sean contados con una mano o quizás ninguno. ¿Cierto?

Estas preguntas y más han sido uno de mis grandes motivos de haber escrito este libro en el 2019. Actualmente, siento que en el mercado hispano aún falta mucho por conocer el verdadero concepto de marca personal y el cómo lograr ganancias rentables.

Mi gran mi intención es ayudarle en su descubrimiento, que encuentre su propia marca personal, además, motivarle que realice ese gran salto de monetizar sus conocimientos y experiencias, ofreciendo su ayuda y siempre añadiendo valor a los demás, le quiero motivar que no tenga miedo en darse valor económico a su propia marca personal. Porque se lo merece. Yo tuve miedo a cobrar. Más adelante le compartiré mi experiencia y mi propia fórmula para eliminar ideas limitantes.

Una de las cosas que más me apasiona es enseñar desde el punto de vista de la práctica, por medio de mi experiencia, basado en la teoría. Le garantizo que usted encontrará la respuesta sobre el tema. He pasado por ese camino y quiero ayudarle que encuentre su camino.

En este libro, pretendo mostrarle con mi propia historia el cómo usted puede descubrir su marca personal, aspiro que sea una de muchas personas que puedan descubrir su verdadero propósito, aumentar la fe en una acción más enfocada para que su marca personal se pueda expandir por Internet con el fin de impactar más personas, de esta manera lograr ganancias notables.

Permítame ser su mentor, asesor y su coach en el momento que usted desea y con gusto le ayudo. Mi gran propósito es ayudar y convertir personas que se empoderen, que lleguen a enriquecerse en todas las áreas de su vida. Veo en usted un gran potencial.

EL CONCEPTO ERRÓNEO

Gracias al estilo de vida que he construido, tengo la oportunidad de estar presente en talleres presenciales y virtuales sobre marca personal, otros temas como liderazgo, desarrollo personal y de negocios. Todas las exposiciones sobre marca personal hablan del concepto y lo que usted tiene que hacer, conceptos muy técnicos y teóricos. Lo exponen como si las personas fueran una misma copia. Porque el concepto de marca personal hay que vivirlo.

El gran error que la mayoría que exponen sobre marca personal es que no logran conectarse con las personas, nunca se enfocan en el núcleo, en la misma persona, en el individuo mismo. Porque sólo les interesa vender un producto.

Primero se enfocan sobre marca personal desde el punto de vista comercial, temas como mercadeo, colores del logo, diseño web, técnicas de comunicación, etc.

Este libro lo he escrito por y para usted, me voy a enfocar en usted. Le quiero ayudar que descubra ese gran potencial que lleva adentro porque no vale la pena que usted invierta en la marca personal visual y externa si su verdadera marca interna no está bien definida ni conoce cuál es su propósito, ni su deseo ardiente.

Ahora, le hago la invitación para que sea parte de este nuevo viaje. *¿Está en este nuevo viaje en su descubrimiento?* Le garantizo que es divertido y cada día es un verdadero renacer.

Recordemos que estamos en la Era de la Información Digital, cuando usted y yo queremos buscar algo, siempre le preguntamos a nuestro socio y amigo Google. Así que le invito que ahora mismo realice una pequeña búsqueda, ya sea en su smartphone, tableta o laptop, escriba *"qué es marca personal"*.

Lo interesante que va a encontrar muchas definiciones. Google le muestra una lista de blogs, videos e imágenes sobre cómo crear su marca personal a un nivel comercial. En ningún sitio web en esa lista le va a decir lo que realmente es marca personal y lo que usted tiene que hacer para desarrollarse y expandirse, ni menos, cómo ganar dinero desde su marca personal. ¿Cierto?

Por ejemplo en Wikipedia, mi hija mayor de 12 años, me dijo: *"nunca tengo que creerle a Wikipedia porque allí podemos encontrar información desactualizada o errónea"*.

De una manera general en Internet usted va a encontrar definiciones como por ejemplo *"La marca personal, en inglés personal brand, es la huella que dejamos en los demás. La gestión de esa huella, la gestión de la marca personal, se conoce como personal branding."*[1]

En otros lugares nos refieren un poco de historia por ejemplo dice que nació con un concepto que surgió en Estados Unidos a finales de los noventa, donde *"Tom Peters escribió un artículo en la revista Fast Company titulado "The Brand Called You"*[1] Si continua mirando la lista que ofrece Google, es posible que encuentre un curso o taller sobre marca personal.

La mayoría de la información que va a encontrar es sobre la marca personal a nivel externo. Este tipo de información nunca le va a funcionar. Porque está muy generalizado. Usted necesita conocer el cómo descubrir su propia marca personal y luego cómo comercializarse con su propio estilo con un plan de mercadeo digital que realmente funcione.

Cada quien tiene su propio estilo, gustos diferentes, experiencias y conocimientos totalmente distintos. Por lo que en Google no encontrará el cómo crear, desarrollar y expandir su propia marca personal desde la A hasta la Z. Al menos que sea referido por algún experto.

Ahora mismo, quiero motivarle que analice los siguientes cursos, talleres, o libros que vaya a comprar, pregúntese si realmente le van a vender la idea de crear su marca personal desde su propio interior o a nivel de estrategias de mercadeo y publicidad.

Usted nunca podrá vender ni ofrecer su marca personal si aún desconoce su propósito. La clave es usted como persona. Recuerde que su marca personal es el imán para atraer a las personas le van a seguir por usted y no por lo que ofrece, ni por el producto ni el servicio.

SU ORIGEN

Antes que apareciera el concepto de marca personal, primero, apareció la marca corporativa, la marca de un negocio. Los expertos de mercadeo han querido adoptar esta misma idea en la marca personal. Por eso hablan de la marca externa, eso es parte del fracaso y mal entendido. Nunca se puede comparar la estrategia de ventas de una empresa con una persona.

Este es el gran motivo que muchas personas desconocen el camino para construir su propia marca personal. Cuando alguien desea emprender, no encuentra una respuesta y pierde tiempo en cómo realmente se logra, al final tiran la toalla.

Napoleón Hill y W. Clement Stone expusieron que "usted es el producto de su herencia, ambiente, cuerpo físico, conciencia, subconsciente, experiencia, su especial situación en el tiempo y el espacio y algo más, incluyendo los poderes conocidos y desconocidos."[2] Aquí nos dice que usted es una persona diferente. A mi juicio es el concepto real de lo que es marca personal. Usted y yo somos diferentes. Su propio ADN nunca es igual a otra persona. Su marca personal lo lleva en su ADN, más otros detalles como sus experiencias y conocimientos adquiridos en toda su vida. Más poderoso, usted puede rediseñar su propia marca personal.

Me recuerdo que en el 2017, empecé a investigar sobre marca personal. Sentía que ya tenía que dar el paso para posicionar mi nombre, ya que siempre me ha gustado enseñar y ayudar a otros por medio de mis experiencias y conocimientos adquiridos.

Encontré un sentimiento de urgencia que tenía que trabajar en mi persona como marca personal. Por medio de mi negocio NesswareDTS.com he tenido y tengo la oportunidad de relacionarme con empresarios, emprendedores y profesionales independientes, donde existe una gran necesidad de su propio desarrollo personal.

A partir de ahora, vamos a tomar un camino que posiblemente Google desconoce. Le invito que juntos nos encaminemos hacia un mundo totalmente diferente, además, cómo utilizar Internet para que usted pueda expandir su propia marca personal a un nivel comercial, le invito que haga la diferencia.

ESTILO DE VIDA

Le garantizo que le va a ser mucho más fácil ir creando y proyectando su propia imagen hacia el exterior, desde adentro hacia afuera, hacia el mundo exterior. Descubrirá cómo influenciar a más personas con su poder de liderazgo que lleva dentro.

Ese gran poder es la llave para poder abrir muchas puertas de oportunidades, como nos comparte John C. Maxwell *"las oportunidades se multiplican porque sean identificadas... se multiplican porque son aprovechadas"*[3].

Su vida se llenará de expectativas, le impulsarán a moverse y sin darse cuenta su marca personal se ha expandido. Es hermoso. La sonrisa le aparecerá sin esfuerzo. Usted se convertirá en su mejor versión, es un proceso que inicia hoy mismo. Es su decisión.

Quiero externar mi gran intención que tengo con usted, es muy simple, aunque parezca mentira, pero es cierto. Le voy hablar a su corazón, no a su mente ni a su cerebro. Mi propósito es motivarle para que se mueva de un nivel a otro, desde su conocimiento hacia su propio descubrimiento, le mostraré que puede descubrir su por qué. Este viaje es totalmente nuevo, le garantizo que le llevaré a otro tipo de conocimiento que ni Google ni Instagram ni los videos de YouTube le enseñarán, ni otro sitio web gratuito.

Cuando usted descubra su marca personal, no cabe duda que sentirá una fuerza interior que le impulsará a buscar personas que están haciendo lo mismo. Su nueva persona contagiará a más personas a moverse donde usted ha llegado. Se convertirá en un imán de personas, cosas y nuevas oportunidades.

Su personalidad, su carácter, su liderazgo, su influencia, todo su ser interior va ir cambiando de tal modo que esa energía interna se va a proyectar en otros. No sólo eso, también va a encontrar nuevas oportunidades para crecer, subir de nivel en cada una de sus áreas personales. Construyendo su propia escalera para que otros puedan subir con usted.

A partir de ahora, me voy a enfocar en usted. Es mi gran intención. Para que su marca personal pueda generar esa influencia y usted obtenga un alto retorno de inversión en las siguientes áreas:

✓ Financiera
✓ Espiritual y mental
✓ Profesional, Vocacional y Negocios
✓ Física (cuerpo)
✓ Relaciones

EL PRIMER DÍA

Mi transformación empezó en el 2009 donde trabajaba en una empresa muy sólida en mi país. Exactamente en el área de soporte de software a nivel interno. Los mismos compañeros eran los usuarios de los sistemas de información. Nuestro objetivo era ayudarles en sus problemas, dudas e incluso resolver problemas que generaban esos software. Es como un tipo CallCenter pero a lo interno de la empresa.

Era un concepto nuevo para mí en aquel entonces. Aunque si había trabajado en otras empresas en el área de desarrollo y soporte de software, pero el responsable y quien tenía a cargo era mi persona. En este caso, éramos varios compañeros.

Algo que me motivaba estar en esa empresa era que al cumplir 1 año podía solicitar traslado a otra área. Ingresé en un área técnica y mi objetivo era ubicarme en el área de desarrollo de software, donde podía ganar más dinero y poder especializarme. Ese era mi sueño, mi deseo.

Me recuerdo que un viernes, unos 15 minutos antes que terminara mi jornada laboral, mi jefe me llama a su oficina. Donde rara vez se le veía a esa hora. Ni menos un viernes. De hecho quien daba órdenes era su jovencito asistente.

Uno de mis errores fue compartir mi propósito con personas que no tenían una mentalidad de superación. Mi comentario les generó envidia, los comentarios que decían en otras áreas donde mi nombre aparecía como "alguien en poco tiempo pudo realmente ayudar a otras áreas que los demás que tenían más tiempo en el área de soporte".

Llegué a la oficina del jefe con una actitud positiva, después de haber estado varios meses en esa empresa, por haber ayudado a encontrar soluciones ante problemas de algún software, gracias por mis ayudas los compañeros de desarrollo de software dejaron de quedarse hasta tarde, y otros de varias oficinas hablaban bien de mi persona porque desde mi escritorio les ayudaba.

Cuando llego y me siento. El jefe me extiende un sobre. "¡Wow! ¡Me va ayudar a subir a otra área!" Me dije a mí mismo. Pero, de una vez, el jefe me da la noticia que la empresa ya no le interesaba que diera mis servicios profesionales. Que no volviera el lunes siguiente.

En ese momento, la verdad, quería tirármele encima, no sé si usted ha mirado una película o fábula donde una persona se tira al otro lado del escritorio. Pero, me mantuve, sentí enojo, se me cortaba la voz, se me hizo un nudo en la garganta por el enojo y la injusticia. Pensaba en mi futuro y mi familia, todos mis deseos y sueños los veían que ya eran imposibles.

Le pregunté el motivo. Sus respuestas sin solides, sin verme a los ojos, su respuesta sin base fue que por el problema de la recesión económica de la empresa, del país, del mundo, tenía que ir recortando personal. Decidieron retirarme por ser el empleado con menos tiempo en el área.

Ese fue el primer día que inició mi camino al éxito. Realmente sentí que me quitaron el sofá donde me sentaba. Es terrible esa sensación. La noticia fue como haber recibido un balde de agua fría. Hoy estoy consciente y estoy agradecido por lo sucedido. Realmente fue una bendición.

Ese viernes inició el camino de una trasformación donde tengo cicatrices de batallas ganadas y yo sé que usted ha tenido que luchar y ha ganado, se ha transformado sin darse cuenta. Un camino que es constante, cambios diarios. Cada día me levanto como un niño ansioso de aprender y descubrir cosas nuevas, cada día me genere un "Wow".

Gracias a los consejos de mis padres, siempre he sido un hombre de fe, más aún en momentos difíciles. Empecé hacer lo que mi padre me enseñó, empecé a orar, el poder de la oración hacia Dios es poderoso. Mi padre me decía "*Si tiene algún problema, reza el salmo 23*".

Decidí leer y orar "*El Señor es mi pastor... en verdes pastos me hace reposar... su vara y su callado son mi guía y mi protección*"[4]. En momento difíciles la mejor decisión es la oración, no importa el tiempo, esa oración salida desde su corazón para que usted se pueda liberar y encontrar una bendición en cada momento difícil. Somos como el Ave Fenix, somos como un diamante, para brillar tenemos que superar nuevos retos.

APLICACIÓN PARA EMPODERARSE: EL VERDADERO VALOR

Cuántas veces empezamos a juzgarnos antes de tiempo, en una situación imprevista. Es importante saber que tenemos control sobre nuestros pensamientos, sentimientos y acciones. Pero nunca tenemos control de todo lo que nos rodea, ya que existen fuerzas externas que manipulan de una u otra manera para que las situaciones se den en un momento dado.

A continuación le quiero ofrecer algunas preguntas claves para que empiece a descubrir el verdadero valor de la vida:

✓ ¿Cuáles son las 5 áreas más importantes que tengo que mejorar? ¿Todas o algunas?

_____

_____

_____

_____

✓ ¿Cuál es el mayor beneficio que voy a obtener con mi marca personal?

_____

_____

_____

_____

✓ ¿Cuál es el estilo de vida que deseo llevar? ¿Me gusta el tipo de vida que llevo? ¿Me siento 100% feliz con mi trabajo?

_____

_____

_____

_____

✓ ¿Mi manera de resolver asuntos me ayudan a crear nuevas y mejores oportunidades para mejorar todas las áreas de mi vida?

_____

_____

_____

_____

✓ ¿Cuál es el momento de mi vida que me ha marcado de tal manera que me motivó hacer un cambio positivo?

_____

_____

_____

_____

El Poder Del Ser Interior Hace Mover De Un Estado Mental A Otro.

CAPÍTULO II
EL RENACIMIENTO

"Parece obvio, pero es cierto que el liderazgo se manifiesta en momentos de tensión, no en momentos de calma"
Robin Sharma

EL CAMBIO ES UN PROCESO

Durante los primeros meses de mi experiencia como desempleado. Empecé aplicar algo que mis padres me enseñaron, investigar cuando se tiene una duda y buscar soluciones. Un día estuve indagando en Google, encontré a un hispano, en Florida, USA.

Esta persona hablaba sobre cómo ganar dinero por internet. Me interesó porque miré como una oportunidad. Esto sucedió en el 2009. Decidí ser parte de su club virtual. Empecé a estudiar sus lecciones, cada semana este señor invitaba a otros expertos sobre temas de mercadeo, páginas web, etc. El aprendizaje y enseñanza por Internet fue algo novedoso.

Tenía un sentido de urgencia para solventar el tema de

generar dinero a partir de mis conocimientos y experiencias. Pagué durante dos años al estar en su club virtual, participaba activamente en sus talleres semanales. Estaba comprometido para obtener resultados. Me sentía motivado.

Recuerdo que invertí dinero y tiempo en un sitio web, era horrible. Con el tiempo lo fui mejorando. Hasta la fecha sigue activo **www.nesswaredts.com**. Lo importante es pasar a la acción para verificar que la información obtenida es real.

En ese entonces, mi propósito era generar dinero mientras lograba ubicarme en otra empresa. Los resultados se empezaron a ver cuando inicié con mi sitio web, sin saber nada, con la guía de mi primer mentor Álvaro Mendoza, logré que mi negocio tuviera presencia en Internet en menos de 3 meses.

Los resultados fueron sorprendentes, me empezaron a llamar. Cometí muchos errores a la hora de cerrar la venta porque desconocí el cómo vender.

Durante el proceso descubrí que tenía que ser más selectivo a la hora de ofrecer mis servicios y productos, cometí el gran error de venderle a todo el mundo.

En el mes de diciembre del 2009 me llama un joven, miró mi sitio web en Google. Me dijo "Hola. Néstor. Soy Fabio Morales. Lo voy a volver a llamar en enero para que me haga un sitio web".

Le dijo "Ok. Gracias".

En la segunda semana del mes de enero, recibo una llamada. Era Fabio, me dijo "Néstor. Necesito que me regale su cuenta bancaria para depositarle y me ayude".

En ese momento, se me abrió una oportunidad, una nueva puerta que nunca había experimentado. Fue la primera vez que alguien me iba a pagar por adelantado un trabajo sin conocerme. Un gran riesgo para él y un reto para mí.

SI NO SE ARRIESGA NO SE DESCUBRE

Realmente fue impactante. Una nueva experiencia me cambió la visión pero tuve que hacer un gran cambio. Tal como dijo James Allen "usted llegará a ser tan pequeño como su deseo controlador; y tan grande como su aspiración dominante"[5]. Usted tiene todo el derecho a tener experiencias positivas, que le ayuden y le impulsen para subir de nivel. Tiene que aspirar a más. No tenga miedo.

En aquella época, mi carácter aún no era fuerte. Tenía problemas de mal de humor y nunca me importaba mi propia felicidad. Tenía el pensamiento dominante de obedecer lo que otros decían, tenía el miedo de lo que pensaran de mí. Ese pensamiento hizo que no pudiera mirar esa gran oportunidad para crecer mi negocio.

Al cabo de unos 6 meses. Logré ubicarme dentro una empresa. Por primera vez sentí que Dios hizo que viera en otras personas lo que me podría suceder si seguía en el mismo camino.

Al ingresar al área de trabajo como desarrollador de software, me impactó al observar que la mayoría de los programadores tenían más de 50 años trabajando en esa empresa, haciendo siempre lo mismo.

Cuando miré a estos señores. Me dije "Wow! ¡Yo no me veo haciendo lo mismo a esas edades!". Fue como si Dios me hubiera llevado al futuro. De pronto tuve una visión donde tenía dos opciones, seguir haciendo lo mismo o buscar y crear nuevas oportunidades de crecimiento personal y profesional.

Tuve muchos motivos para trabajar arduamente en mi plan B. Por ejemplo el salario era el mínimo porque acepté para tener un dinero fijo. El horario era exprimidor.

Mi cuerpo empezó a inflarse por comer y por dormir pocas horas. Me engordé. Mis pantalones eran grandes. Me sentía como un pequeño globo. Mi mal humor en mi hogar. A pesar que todo perecía bien, pero dentro de mi ser era un desorden.

En muchas ocasiones me sentía infeliz porque sentía que no valoraban mi trabajo en esa empresa. A pesar de ello, laboraba con el pensamiento de dar la milla extra.

En las noches seguía trabajando en nuevo negocio de diseño de páginas web y estudiando una hora al día sobre el tema de marketing digital.

EL INTERCAMBIO

Entre los años 2010 y 2012 tuve experiencias positivas respecto a mis proyectos que iba trabajando por las noches. Mi vida a nivel profesional iba tomando un nuevo camino. Realicé dos viajes a Estados Unidos para capacitarme en el tema de Marketing Digital.

Allí logré conocer personas que hoy día seguimos en contacto y hemos hecho uno que otro negocio. Nunca olvide que "es importante que usted busque siempre relacionarse con gente positiva y exitosa"[6].

Cuando logra conectarse con otras personas que están en su mismo nivel mental, con valores similares y desean superarse, el resultado es explosivo. No tenga miedo, sálgase de su núcleo de amigos de años y dese la oportunidad de conocer otro tipo de personas. Manténgase con ese pensamiento positivo de crear nuevas amistades.

No sólo su visión va a mejorar, su propósito se va ir aclarando cada vez más. El crecimiento en el ámbito de conocimientos, relaciones y nuevas experiencias es fenomenal.

En cada viaje que realizo, ya sea por asuntos de negocios o de placer con mi familia, es como un renacer. La mente se me abre, empiezo a mirar otras oportunidades que antes no veía, me llena de energía. Yo le invito que haga lo mismo, invierta en usted, busque compartir con otras personas de otras culturas y países. Va a descubrir que vivimos en un mundo de oportunidades.

En mi primer viaje que realicé a Estados Unidos, tuve un cambio, empecé a creer y confiar más en mi intuición e instinto, sentía que tenía que hacerlo para mejorar. Descubrí que es necesario experimentar y conocer otras personas con otro tipo de pensamiento más elevado que yo tenía.

Le recomiendo que explore nuevos caminos, nuevas formas de hacer las cosas porque salirse de la zona de confort ayuda a rediseñar su vida y su visión. Recuerde que el límite usted lo pone. Su propio límite tiene que ser infinito, cuando lo descubra usted encontrará ese mundo que mucho desea vivir.

SIEMPRE EXISTE UNA PUERTA ABIERTA

En todas las compañías que ofrecí mi tiempo a cambio del dinero. Siempre trabajaba con el pensamiento de la milla extra, gracias a mis padres me cultivaron este tipo de pensamiento.

En el 2013, en la última empresa que laboré, obtuve una experiencia del resultado de ser un empleado con ambición, querer más y dar la milla extra.

Un día tuve una reunión con la jefatura, estaba feliz,

pensé "me van a decir algo positivo sobre mis resultados y rendimientos".

La reunión fue corta y directa: "Néstor, tiene que bajar el ritmo de su trabajo porque le está afectando a muchos que tienen más años que usted, se calma o ya sabe lo que le puede suceder".

Realmente no me gustó, por respeto y por temor a no quedarme sin empleo no dije nada. Entonces, decidí bajar el ritmo de trabajo tal como ellos me indicaron. Me sentí mal en ese momento, mis acciones iban en contra de mis valores. Me sentía que me estaba robando el salario, no sentía que era productivo, trabajaba a medio dar. Algo que mi padre siempre me incentivó desde niño que nunca tenía que pensar y hacer cosas de un mediocre.

Si usted está dentro de una compañía donde le están limitando, es mejor que busque otro lugar porque esa corporación es muy pequeña para usted.

En Marzo del 2013, me llama mi jefe inmediato. Le miro que tiene un sobre. Mi instinto y mi intuición me dijeron que era la carta de despido. Ese sentimiento apareció en el centro de mi pecho. Efectivamente, el jefe me dio la carta, por segunda vez desempleado. Esta vez estaba preparado para recibir esa noticia, venía trabajando para ese momento, mi plan B se convirtió en Plan A, durante muchas horas nocturnas iba trabajando y construyendo mi negocio.

EN MOMENTOS FUERTES SE APRENDE

Después de varios meses de andar buscando empleo leí este texto de John Maxwell. "Nada en su pasado le garantiza que usted seguirá creciendo hacia su potencial en el futuro"[7], descubrí que tenía que hacer un cambio importante en mi vida, en mi área profesional como en lo personal para lograr mejorar y cambiar mi suave y frágil carácter. El liderazgo interno es afectado directamente por el carácter.

Asumí la responsabilidad de dominar una de mis debilidades con un espíritu más firme y fuerte, ceder que mi potencial gobierne mi vida. Ser más intencional. Creer más en lo que mi corazón me dicte que la lógica.

El año que me marcó y me empujó a empoderarme fue el 2013. Ya que no tenía un ingreso fijo. Los pocos amigos que tenía se desaparecieron. La presión por no aportar económicamente a la casa. Nuevamente, a buscar empleo, con más de 33 años de edad.

Esta vez, estaba aprovechando al máximo el tiempo. Logré vender algunos productos por internet. Miraba una nueva oportunidad, mi enfoque iba cambiando, deseaba trabajar en mi personal como en mi negocio. Pero, la presión social era más fuerte, por lo que seguía buscando empleo, visitando empresas para dejarles mi hoja de vida.

En noviembre 2013, entré a una empresa para una entrevista de trabajo, miré que todos, eran jovencitos. Más o menos eran de 10 a 15 años menores que yo. Realmente me afectó. Me dije "Si fuera el dueño del negocio, prefiero contratar a un joven con hambre de experiencia, con un salario bajo que a otro con más experiencia y más caro".

Ese día salí de esa oficina deprimido, enojado conmigo mismo. Me dije "¿Cómo es posible que he podido ayudar a las empresas en sus proyectos y no soy capaz de ayudarme en mis propios proyectos?". Fue terrible porque Dios hizo que viera la realidad. Estaba viviendo la vida de los demás y no mi vida.

Tal como nos expone Napoleón Hill, "dentro de su cerebro reposa un genio que sólo puede despertar a través del ejercicio de la autoconfianza"[8]. Allí fue cuando descubrí mi gran coraje. Ese poder de salir adelante.

Me recuerdo que cuando miré a mi hija menor en su cuna, tenía un año y medio, le juré que yo tenía que hacer algo diferente por ella, por su hermana, decidí construir mi legado, mi propio ejemplo. Una pequeña bebé me ayudó hacer el gran salto cuántico.

Tal como dice en la Biblia "pidan y se les dará; busquen y hallarán; llamen a la puerta y se les abrirá"[9]. Usted y yo tenemos ese derecho de pedir algo que realmente necesitamos. Como decía una amistad de años "Dios conoce los anhelos de nuestro corazón". Dios sabía y conocía mi frustración. Sólo estaba esperando que yo le hablara.

Muchas veces no sabemos con exactitud la respuesta correcta. El lenguaje del amor es tan puro que Dios siempre nos escucha y nos hace encaminar por ciertos senderos que nos da miedo, son desconocidos pero el instinto natural y el creer en nuestro llamado, con una fuerte fe, nos ayuda a salir del sendero para encontrarnos un nuevo camino, un pasaje diferente, una nueva vía al avance personal. Tenemos que pasar por procesos dolorosos para aprender y avanzar. Como es el caso del diamante.

No vamos hablar de religión. Pero si sobre Dios ya que somos seres espirituales. Soy un hombre de fe. Me recuerdo que estaba en el nivel más bajo que nunca había estado, emocionalmente afectado, sin dinero, sin opciones a nada, me sentía solo. Llegué al punto de pensar y sentir que Dios no estaba conmigo. Por lo que decidí hablar con Dios. Le dije exactamente:

"Mira Dios. He ido a todos las entrevistas de trabajo. Soy un buen hombre. Amo a mi familia. ¿Qué es lo que usted quiere de mí? Estoy agotado. Necesito enfocarme. Usted decide si trabajo al

100% en una empresa o tiempo completo en mi negocio y proyectos personales. Pero. Dame una luz. Necesito la respuesta en enero 2014. Necesita una respuesta."

Llegó el siguiente año, enero 2014. Con mucha expectativa de lo que iba a suceder. Tenía todos mis sentidos afinados para poder mirar una respuesta. Lo interesante que la respuesta de Dios siempre estuvo presente, sentía miedo lo que Dios quería que yo hiciera, debido que iba en contra de lo que mis padres y la sociedad dictaban que es bueno para mi y mi familia.

La gran puerta hacia el camino que Él quería estaba allí desde el 2010. Lo interesante que aún estoy esperando una llamada para ir a una entrevista de un empleo o que una empresa quisiera contratar mis servicios profesionales y ser parte de su planilla. Necesitamos tener una mente más serena y calma para poder mirar la respuesta de Dios. Las mejores respuestas siempre se guardan en nuestro corazón.

En los primeros días de ese año, me llené de valor, defendiendo respetuosamente la nueva forma de trabajar. Mi familia muy cercana y amigos me presionaron para cambiar mi decisión, tuvieron miedo, nunca creyeron de mis habilidades y potenciales. Hasta que luego aceptaron y miraron mis resultados.

Por siempre voy a estar muy agradecido con mis clientes que confiaron y siguen confiando en mis servicios profesionales y en lo que mi negocio les continúa ayudando. ¡Que Dios los bendiga!

No sé si ahora o mañana, usted está en un escenario donde siente que tiene que tomar una decisión muy importante, pero hágalo desde su corazón y no desde la lógica porque su mente tiene una visión muy corta pero su corazón puede mirar más allá que su mente no es capaz de echar un vistazo. Tiene que creer y confiar más en su instinto e intuición tal como lo hice, va a encontrar oportunidades que nunca se ha imaginado.

Esto ha sido uno de los cambios más duros. Gracias a esos cambios logré hacer que mi propio carácter sea firme y fuerte. Le confieso que estoy en el proceso de mejorar porque es constante. Aprendí a ser una persona más decidida y vivir la genuina ambición. Amar lo que Dios me ha regalado. Vivir un nuevo estilo de vida. Porque "¡todo lo que es bueno para usted siempre está cuesta arriba!"[10]. Esto mismo se los enseño a mis hijas, les cuento mi historia.

DESCUBRIENDO EL NUEVO CONCEPTO

En el año 2015, fui invitado para ser parte de los expositores de una conferencia virtual a nivel internacional. El tema que me asignaron a desarrollar y exponer fue sobre las Aplicaciones Móviles para Negocios. Fue una nueva experiencia y nuevas oportunidades para conocer otras personas con más conocimiento en temas de liderazgo, negocios, desarrollo de proyectos, etc.

Uno de los expositores hablaba sobre un tema que me llamó la atención. Nunca había escuchado ese término. Era algo nuevo en mi vocabulario, su tema fue sobre Marca Personal. En aquella época se hablaba muy poco sobre este tema.

Fue la primera vez que escuché ese término. Le voy a ser honesto. En esa exposición, lo único que entendí fue el título. Nunca pude asimilar el concepto. El mensaje fue tan técnico y poco creíble que no pude conectarme con el mensaje. Lo que sí destaco fue que me motivó a investigar sobre este nuevo concepto.

Le soy honesto. Se despertó en mí el interés por desarrollar y aplicar ese concepto de marca personal en mi propia persona, con el pensamiento de que si funcionaba en mí, iba a crear algo para que otras personas también lo pudieran aplicar tal como yo lo hice, crear un sistema, un programa educativo basado en el desarrollo de marca personal. Decidí ser el laboratorio del nuevo concepto de marca personal, sentía que debía hacerlo. Tuve una gran visión y propósito que hicieron que me moviera.

EL EFECTO DEL NUEVO CONCEPTO

En el 2017 mi negocio empezó a tener bajas de clientes importantes. Además, otros clientes fieles me expresaban su descontento. Empecé analizar cuáles fueron las causas. Descubrí que el negocio andaba mal por mi propia causa. De pronto me había estancado en mi área profesional. Sin darme cuenta vivía en la zona de confort.

Descubrí que mi negocio tenía muchas e importantes quebraduras. Nunca pensé que un negocio virtual también tiene los mismos problemas que un negocio local. Nadie me lo dijo. Como resultado del análisis descubrí que una de las áreas que tenía que fortalecer urgentemente fue servicio de proveer soluciones a los clientes, se estancó por poca y nula innovación. Descubrí que mis creencias me estaban limitando y por ende mi negocio. Cosa que suele suceder a muchos profesionales.

Entonces, decidí abrir mi propio blog personal **NestorAlfaroCajina.com**, le soy honesto. Empecé a escribir artículos sobre la ley de atracción, sobre la mente consciente y su relación con la mente subconsciente y la mente Divina. Temas sobre la productividad personal y profesional. Otros temas como el efecto de decir "soy emprendedor", "soy empresario" y otros cambios de pensamientos limitantes. Gracias a esa decisión tomada desde el corazón descubrí que estaba haciendo una diferencia en otras personas por medio del contenido en mi blog. Uno de los resultados inmediatos es que las personas dejaban sus comentarios.

Una vez que usted empieza ayudar a las demás personas de manera genuina. "La ley de la atracción dice que lo semejante atrae a lo semejante"[11]. Cuando usted desea lo mejor a los demás, eso mismo recibe. Paso a paso iba descubriendo que los errores de mi negocio eran causa de mi propia personalidad, esos pensamientos, hábitos y conductas que expresan que estaba dominado por el miedo. Recordemos que el carácter nos define. Define nuestra personalidad. Este tema del carácter y liderazgo lo vamos ir desarrollando en los próximos capítulos.

EL DESCUBRIMIENTO

Cuando usted descubre que es único en toda la especie humana. Va a descubrir que tiene todo el poder interior para hacer realidad su deseo que lleva adentro. La mejor manera de librarse de algo es actuando. No se permita estar en la zona del conformismo. Manténgase en acción de manera enfocada.

Le tengo una buena noticia. Cuando descubra su propia marca personal, su vida nunca va a ser igual que antes. Este nuevo cambio se va a convertir en un estilo de vida, su marca personal es su poder interior y lo externará haciendo diferencia en los demás.

Es un proceso diario, es un estilo de vida donde se compromete añadir y sumar valor a los demás, por medio de sus servicios, palabras, comentarios e incluso un gesto, una acción o una pequeña sonrisa. Es un proceso de ir mejorando cada día, un paso a la vez. Los resultados se van ir dando sin darse cuenta.

¡Muchas gracias por ser parte del camino a la prosperidad y abundancia! Juntos vamos a marcar una diferencia en el mundo que vivimos, ayudando al mundo, impactando con nuestra personalidad. Tal como John C. Maxwell nos comparte que "la respuesta a la pregunta '¿cuándo empiezo?' Es Ahora"[12].

La acción hace la diferencia. Si usted quiere ayudar a los demás, primero ayúdese ahora poniéndose en acción. Mark Twain dijo que "los días más importantes de su vida son el día en que nace y el día en que descubre por qué". Este momento del encontrar su propósito es un momento tan especial, es un volver a nacer, es el renacimiento de su propio ser. El renacimiento nace cuando usted empieza a descubrir su verdadero propósito.

Descubrí que una idea o una falsa creencia nunca la vamos a eliminar sino que la podemos reemplazar con una nueva creencia, por medio de la técnica de la autogestión, los hábitos son nuestras propias herramientas para que podemos alcanzar una meta u objetivo deseado.

Algo que estoy seguro, usted tiene todo lo que necesita para iniciar su propio camino del éxito diario. Porque si yo puedo, cualquier persona es capaz de hacerlo de la mejor manera. Dios nos ha regalado ese gran potencial que llevamos dentro, simplemente tenemos que permitir que el instinto y la intuición nos ayuden a buscar nuestro propio camino hacia el éxito y encontrarnos con personas que tengan valores y pensamientos similares, unirnos a una comunidad donde todos tengamos el objetivo del mejoramiento interno como externo.

La clave es el tipo de comunicación que tiene con su mente. Es lo que más importa. Las personas siempre dirán lo que ellos creen que es bueno para usted desde el punto de vista de sus propios conocimientos, experiencias y actitud. Pero, haga lo que haga, usted tiene que ser firme y defender sus ideales, siempre y cuando respeten las leyes naturales del Universo y de Dios. Haga lo que su corazón le dicte.

APLICACIÓN PARA EMPODERARSE: EL RENACIMIENTO

Cada uno de nosotros tenemos nuestras propias experiencias que nos marcan ya sea de una manera negativa o positiva. Lo que sí es necesario es tener la mentalidad positiva que todo lo que nos sucede en la vida es porque tiene una causa. Parte del proceso del empoderamiento es reconocer que tenemos el poder de seguir adelante, reconocer de esos momentos tan importantes que hemos podido salir adelante a pesar de las circunstancias. No importa cuántas veces nos caemos y cometemos errores, lo que importa es cuántas veces nos hemos levantado y seguimos mejorando a pesar del dolor, es parte del proceso de transformación. Tenemos que amar el proceso para poder avanzar.

A continuación le quiero ofrecer algunas preguntas claves para que empiece a encontrar su gran potencial que lleva dentro:

✓ ¿Cuáles momentos de su vida ha tenido que actuar para obtener un resultado que lo ha deseado?

_____

_____

_____

_____

✓ ¿Usted conoce alguna persona que le ha marcado su camino de un manera positiva?

_____

_____

_____

_____

✓ ¿Qué logros ha alcanzado gracias por aquellas personas que le han impulsando o motivado?

_____

_____

_____

_____

✓ Usted necesita hacer un cambio hoy mismo en alguna de las 5 áreas. ¿Cuál es esa área? ¿Qué tiene que hacer? ¿Cuál es el beneficio mayor que obtendrá al hacer ese cambio?

_____

_____

_____

_____

El Cambio Radical Se Empieza A Ver Cuando Se Mueve Al Estado De La Ambición Genuina.

CAPÍTULO III
EL PODER DE LA ACCIÓN

"No puede decirse que un hombre sea verdaderamente feliz a menos que haya logrado la paz mental, seguridad interna y una tranquilidad satisfactoria"
Napoleón Hill

LA HERRAMIENTA MÁS PODEROSA

La meditación interior diaria es una herramienta muy poderosa. Es un método que se ha venido utilizando desde siglos. Lo interesante que aún hoy muchas personas creen que no se lo merecen y que sólo lo utilizan aquellas personas que son muy espirituales o practican Yoga u otro método. Considero que existe un concepto erróneo sobre la meditación, siento que muchas personas les generan un sentimiento de miedo por el desconocimiento de su gran beneficio. La mejor noticia que no es necesario estar en transe o viajar al monte más alto de su ciudad para meditar. La meditación interior es tan simple que un niño de 8 años es capaz de hacerlo.

Gracias a esta herramienta fue cómo descubrí mi propósito, encontré mi "por qué". Estas prácticas de meditación que recibí en la Universidad, cuyo objetivo era la concentración para poder descansar y levantarse al día siguiente con el cuerpo liguero, además, controlar el stress en semanas de exámenes.

Las personas le tienen miedo a la meditación, porque tienen miedo a encontrarse. Tienen miedo a descubrirse, es como desnudarse y mirarse al espejo, reconocer sus defectos, amarse y respetarse tal como es uno, con sus virtudes y defectos físicos, mentales y emocionales.

Le quiero sugerir que no tenga miedo ni se alarme cómo y cuándo encontrará su Por Qué. No se preocupe por su pasado. Quiero invitarle que empiece hacer meditación. Recuerde que es un proceso tal cuando usted era bebe que empezó a caminar y hablar, recuerde que todo es un proceso, somos parte de la ley de la naturaleza, todo tiene un proceso, su tiempo.

La clave es hacerlo todos los días, compromiso, perseverancia y siempre pasar a la acción. Va a descubrir ese gran amor que tiene dentro de su corazón, esa pasión por vivir aparecerá en el momento menos esperado. Para encontrarse primero tiene que aceptarse y amarse tal como Dios le hizo. Anótelo para que no se le olvide, para empoderarse tiene que hallarse con su yo interior, aceptarse, perdonarse y sobre todo amarse. Recuerde que usted tiene que permitir que la ambición genuina que habita en su ser interior empiece a florecer.

TÉCNICAS PARA ENCONTRAR SU PROPÓSITO

Usted tiene que conocer su propósito para hacer que su marca personal genere una fuerza invisible, atraer a esas personas y empresas que usted quiere ofrecerles sus servicios o productos. Le comparto una técnica que lo aprendí, lo apliqué e incluso lo personalicé para que se pueda adaptar a mi persona. Hoy deseo que haga lo mismo, adáptelo y personalícelo.

Para empezar hágalo por la noche. Es muy simple pero muy poderoso. Cierra sus ojos, hágalo antes de dormir, analice y acepte lo que sucedió hoy, recuerde lo que más le hizo sentir feliz, en plenitud, luego, acepte los errores cometidos y hágase el favor de perdonarse, discúlpese con usted por aquellas acciones incorrectas y dese la oportunidad de ser mejor persona el día siguiente, nunca se juzgue ni se critique, elimine todo pensamiento donde se empiece a comparar con otros, mientras está en meditación.

Por último, agradezca por todo lo que vivió ese día. Si le preocupa algo, también sáquelo de su corazón, con fe mañana va a tener un mejor día, siéntalo.

Esa noche usted va a empezar a sentirse con el cuerpo mucho más relajado. Su sueño mucho más profundo y tranquilo. Esta es una técnica muy poderosa para hacer que sus noches sean más placenteras. La primera noche no va a sentir ningún cambio. Tiene que hacerlo esta noche y todas las siguientes hasta su último suspiro. Cuando descubra la magia de esta técnica, le garantizo que volverá hacerlo hasta convertirlo en un estilo de vida.

Al día siguiente, tiene que meditar. Puede hacerlo justo después que ha abierto los ojos. No le va a quitar mucho tiempo. Es posible que lo haya hecho en varias ocasiones. Pero, mañana lo va hacer mucho más consciente.

Su nivel de conciencia va a estar en otro nivel. Si usted no es como yo, que tengo que abrir mis ojos y quedarme acostado unos minutos, sino que se levanta de una vez, entonces hágalo mientras va realizando sus primeras actividades de la mañana, mientras se baña, se encuentra a solas. Recuerde que sus primeros 15 minutos de la mañana le van ayudar a tener una energía positiva durante el resto del día. Piense, sienta, dígalo y declárelo con poder: "¡hoy es el mejor día de mi vida!"

Para algunas personas es como darle gracias a Dios por el nuevo amanecer, está bien, pero la meditación que yo le estoy pidiendo que haga es más intensa, es sentir ese agradecimiento desde su corazón, en su interior. Como resultado encontrará una paz, encontrará qué cosas le motiva para levantarse, descubriendo su por qué. No existen fórmulas ni reglas, posiblemente usted vaya a encontrar de primero lo que le apasiona hacer y luego su por qué o viceversa. Pero hágalo.

Todos tenemos capacidad de hacer muchas cosas. La clave es la acción, porque "las personas pueden hacer prácticamente cualquier cosa si logran encontrar dentro de sí los recursos para creer que puede y para poner efectivamente manos a la obra"[13]. ¿Qué le parece?

SU FECHA DE SU POR QUÉ

Uno de mis errores fue que no recuerdo ese día que descubrí mi propósito. Porque ignoraba que ese momento se llamaba "encontré mi propósito". Aunque, se puede decir que ese día especial fue el 23 de diciembre del 2013.

Lo descubrí por una necesidad de urgencia por mejorar, para saber hacia dónde necesitaba ir y el por qué yo tenía que emprender mi negocio.

Lo que sí recuerdo fue cuando estaba pensando y meditando, en aquellos momentos especiales cuando estaba trabajando dentro de las empresas. Cuando les ayudaba a mis compañeros. De igual manera, con mi trabajo actual, como profesional y empresario independiente y emprendedor, me pongo feliz cuando un nuevo cliente me permite ayudarle y un nuevo socio sea parte de mi organización.

Descubrí que mi gran propósito es ayudar a los demás. Eso me apasiona. Me llena de gran satisfacción. "Todo ser humano con un gran propósito de vida es una fuerza positiva, constructiva y creativa"[14]. Ese es mi propósito, ayudar a los demás y mirar que ellos mejoren sus vidas y crear nuevos sus propios negocios.

Una vez que descubrí mi propósito de una manera más consciente. Fue una experiencia inolvidable. Cada día es emocionante, es diferente porque se despierta con hambre de hacerlo real.

AVANZAR ES UNA DECISIÓN

El "por qué" le ayuda avanzar y cambiar lo que sea necesario para subir al siguiente nivel. El propósito es la gasolina que usted necesita para seguir en el camino del éxito.

Uno de los cambios que tuve que hacer fue mi manera de cómo yo mismo me proyectaba hacia los demás. Hace unos años atrás, le confieso que tenía miedo en decir orgullosamente "soy profesional y empresario independiente, soy un cambiador de vida". Tenía que cambiar esa idea limitante del "qué pesarán los demás si digo que trabajo en algo diferente". Lo primero que tuve que hacer era la comunicación interna, esas ideas que constantemente juegan entre el subconsciente y el consciente.

Empecé a utilizar técnicas de autogestión para decirme a mí mismo lo que quería escucharme. El poder de las palabras internas es poderoso, realmente podemos cambiar nuestras acciones al cambiar una idea limitante por otra que nos ayude a sentirnos libres y felices. Cómo nos comparte Napoleón Hill en su libro Piense y Hágase Rico "la autogestión es el agente de control a través del cual un individuo puede alimentar voluntariamente su subconsciente con pensamientos de naturaleza constructiva."[15].

Un pensamiento que no me permitía avanzar que estaba aún en mi mente era algo así como "Soy empleado, recibo dinero cada 15 días". También tenía ideas como "Tengo un solo jefe". Porque esas ideas me fueron guardadas de una manera inconsciente desde que era un niño. Mi padre trabajó toda su vida para empresas. Uno modela lo que los padres nos enseñan con sus ejemplos. Al descubrir esas ideas que están en contra lo que estaba haciendo, me comprometí a cambiarlas por medio de la meditación y la autogestión.

Decidí adoptar nuevas ideas, cambié esas ideas y pensamientos antiguos por otras que me ayudaron avanzar. Muchas veces hablaba solo enfrente del espejo. Mis hijas me veías y con sus caritas lo decían "Papá está loco".

A continuación son algunas ideas nuevas que tuve que adoptar y me ayudaron avanzar al siguiente nivel: "Yo Soy el jefe. Yo tomo mis decisiones. Yo soy responsable por mis acciones. Me apasiona ayudar a muchas personas. Dios me bendice cada día porque soy un cambiador de vidas". También adopté, hasta la fecha las sigo repitiendo: "Soy profesional y empresario independiente, soy capaz de crear oportunidades para ayudar a muchas personas en sus negocios y en sus vidas". También "Si ayudo a muchas personas en sus negocios y en sus vidas, voy a recibir muchas bendiciones. Soy un ser de prosperidad porque ayudo a muchos para que prosperen en sus vidas y en sus negocios".

DESPUÉS DEL PROPÓSITO

Aunque usted no lo crea. Este tipo de pensamientos han incrementado un fuerte sentimiento positivo que me han ayudado, me siguen ayudando para encontrar a las personas correctas, en momentos correctos, lograr una verdadera conexión con el propósito de ayudar y avanzar. Porque mi enfoque está conectado con mi propósito: ayudar a prosperar a más personas en sus vidas y en sus negocios, es decir, soy un cambiador de vidas.

El siguiente nivel, después del descubrimiento es lo que yo llamo *"pasión por hacer algo que se encuentre alineado con su por qué"*. Es una energía que le impulsa hacer lo que más le apasiona que hasta pagaría para que le permitan hacerlo. Cuando usted encuentra su propósito descubrirá su verdadera pasión.

Usted "tiene poder sobre su salud, riqueza, carrera, relaciones, y todas las áreas de su vida. ¡Y ese poder – el amor – está dentro de usted!"[16]. Cuando descubre ese poder que lo llamamos pasión, usted buscará la manera de hacer cosas que se conecten con su propósito.

Le invito que se responda lo siguiente:

¿Qué sucede si usted integra su propósito con su pasión?

¿Cuántas veces usted ha realizado un trabajo porque lo tiene que hacer? Porque su jefe le ha dicho que lo haga.

¿Cuántas veces ha tenido que participar en una actividad y no siente esa energía para hacerlo? Es porque su propósito y su pasión no están conectados.

Por ejemplo, cuando empecé a escribir este libro, lo hice con pasión, permití que cada palabra saliera desde mi corazón. Además, esa pasión de escribir va de la mano con mi propósito. Yo sé que estas palabras en este libro ayudarán a alguien que no conozca.

Ser productivo nunca es igual a estar haciendo algo. Al desarrollar su marca personal, usted tiene que tener en cuenta el factor de ser productivo respecto a resultados, hacer lo que más le entusiasma y se conecte con su propósito.

Cuando usted llega a estar en un ambiente donde le apasiona estar y hacer, donde se siente una persona productiva, usted está en equilibrio con su por qué, el resultado va a ser extraordinario. Haciendo menos, con mejores resultados.

Todo lo que usted haga, en el ámbito personal como profesional, tiene que buscar el equilibrio entra la productividad, la pasión y el propósito. Cuando llega a ese nivel, usted ya está en el proceso de un nuevo estilo. Un estilo de vida de su propia marca personal. Va estar viviendo su propia vida.

Para hacer que su marca personal pueda lograr influenciar y cambiar vidas, primero usted tiene que cambiar, porque un mentor es aquel que muestra el camino porque lo conoce, ya lo ha recorrido e indica por donde tiene que pasar en el camino del éxito diario.

Para poder ayudar a los demás por medio de su marca personal usted tiene que saber qué tiene que cambiar porque "no puede dar energía a nadie si no tiene energía a usted mismo"[17].

Recuerde que una persona con carácter fuerte y firme es aquella que puede controlar sus emociones, pensamientos, acciones y conductas ante problemas y momentos difíciles, incluso afecta en la toma de decisiones importantes en los negocios, en la vida y en la manera de decir las cosas.

Para estar en su propio camino del éxito diario, usted

tiene que ir desarrollando su carácter, porque es allí donde inicia el éxito de su influencia, impactando a más personas por medio de su personalidad.

APLICACIÓN PARA EMPODERARSE: EL PODER DE LA ACCIÓN

Vivimos en un mundo lleno de oportunidades. Pero las oportunidades las creamos a partir de nuestras propias acciones. Algo que el ser humano está consciente es la acción hace la diferencia. Cada segundo de nuestra vida tomamos decisiones de acción o de pasividad. No importa lo que hagamos o dejamos de hacer, vamos a tener un resultado inmediato o a largo plazo. Esa es la diferencia de las personas que cada día tienen éxitos y las de nunca logran casi nada. Es por el hecho de la acción.

A continuación le quiero ofrecer algunas preguntas claves para que empiece a encontrar su propósito y su pasión de vida:

✓ ¿Qué cosas, momentos, actividades le hacen sentir felicidad?

_____

_____

_____

✓ ¿Cuál es su propósito para este año? ¿Cuál es el propósito de su vida en general?

_____

_____

_____

✓ ¿Qué cosas le apasiona hacer que tiene habilidades para hacerlo? Haga una lista de 10 ítems.

_____

_____

_____

✓ ¿Cuáles son las acciones que no le permiten terminar o avanzar?

_____

_____

_____

_____

✓ ¿Qué tiene que hacer para encontrar su propio propósito?

_____

_____

_____

_____

El Mundo Necesita Que Usted Encuentre Su Propósito y Su Pasión Por Medio De La Acción Enfocada.

CAPÍTULO IV
EL CAMINO AL ÉXITO

"Sonríanse mutuamente, sonríale a su esposa, sonríale a su esposo,
sonríale a sus hijos, sonríanse mutuamente, no importa quién sea el
otro, y eso le ayudará a crecer con más amor para el prójimo"
Madre Teresa

DESCUBRIENDO EL CAMINO

En Marzo, 2019, fue el primer día que estuve en vivo y en directo ante uno de los líderes de clase mundial. Gracias a John C. Maxwell descubrí el poder de conectarse desde el corazón. Desde el primer minuto hasta el último segundo fue como si estuviera hablando directamente conmigo. Una de las frases más impactantes fue "que todo lo bueno y lo mejor está cuesta arriba y todo que no es bueno para uno y es fácil está cuesta abajo."

El enfoque es una de las herramientas más poderosas para que su marca personal tenga victoria. Usted tiene que preguntarse si lo que piensa, siente y hace se aproxima y se encamina en la ruta hacia su propio triunfo.

Parte de mi fracaso en mis primeros años de mis emprendimientos fue mi desenfoque y a la vez quería hacer muchas cosas que al final no logré resultados esperamos. Durante el proceso descubrí que todo lo bueno y lo mejor tiene un precio. Mientras más alto aspira ser, más alto es el precio que tiene que pagar.

El primer paso para que su marca personal suba de nivel es. saber y reconocer fríamente en qué nivel usted se encuentra. Es un proceso difícil pero necesario para reconocer sus errores, fallas y brechas que le están impidiendo para avanzar en su ruta hacia la victoria de su propia marca personal.

No cabe duda, es una de las etapas más difíciles porque todo ser humano no le gusta reconocer que está mal. El ego nos hace creer que todo está bien. Parte de ser vulnerable es reconocer y aceptar la situación actual.

Reconocer que en verdad necesitamos cambiar o mejorar algo en nosotros mismos es como subir un peldaño en el plano mental y espiritual, es uno de los momentos más importantes, desde mi punto de vista, se merece celebrar ya que se ha soltado un nudo que se ha llevado por mucho tiempo y nos evita para poder vivir libres y felices.Ahora deseo que realice el siguiente ejercicio. Mi intención es que pueda volver a creer en algo que dejó de hacerlo. Deseo despertar en usted una de las herramientas más poderosas que Dios le ha regalado, desde su infancia lo ha venido usando. Permíteme y le instruyo cómo hacer el ejercicio.

Primero. Cierre sus ojos por un instante. No requiere ningún esfuerzo. Le invito que cierre sus ojos. Puede hacerlo allí donde se encuentra. Imagínese el auto de sus sueños. Sueñe que sus manos toma el volante. Visualice que ahora mismo se encuentra en la agencia. No importante el precio. Lo que importa es que usted y las personas que desea que estén presentes. Esas personas que usted más ama y comparte todos los días. Que estén allí presentes. Con los ojos cerrados, imaginase mirar atrás y allí están sentadas esas personas que desea que se encuentren con usted.

Ahora, vamos a incluir un ingrediente que usted tiene, es el sentimiento, experimente esa emoción de la alegría, sienta que ahora mismo está allí. Imagínese con mucho detalle cómo es ese auto, el color por fuera, los asientos, las ventanas, el modelo exacto, mientras más detallado mejor. Cada vez que se imagina ese auto, le garantizo que aparecerá una sonrisa en su rostro.

Ya puede abrir sus ojos. Es posible que se sienta feliz, con su corazón palpitando de emoción, con un sentimiento agradable, hasta una sonrisa en su rostro, de oreja a oreja. ¿Cierto?

Este es un poder que lo llevamos dentro desde que nacemos. Es algo que lo tenemos dentro de nuestro corazón. No tenga miedo en utilizarlo a diario. Este poder se llama visualización. Es utilizar la imaginación, mirar con claridad el cómo puede ser ese momento. Si usted lo mantiene y se visualiza a corto y largo plazo, le ayudará a encaminarse en ese sendero del éxito que usted tanto desea vivirlo.

Le invito que lo utilice cada vez que medite cada mañana y cada noche. Este poder de la visualización no es necesario estar en transe ni en terapias con un psicólogo. Recurra su imaginación, con sus emociones, si lo desea más intenso, hágalo que se relacione con su propósito, hágalo con mucha pasión.

EL PROCESO CREATIVO

La técnica que le voy a compartir le va ayudar a enfocarse,

para que sus actividades se conecten con su propósito. Lo primero que usted tiene que hacer es reconocer dónde se encuentra ahora. El siguiente paso, visualizarse en cual nivel desea estar, imaginase, le invito que escriba con lujo y detalle en una hoja blanca, cómo se visualiza y quienes están en su visualización.

Por ejemplo. En el área de relaciones primarias, usted tiene una diferencia con su socio o pareja o algún hijo o amigo. Entonces el primer paso es reconocer el problema actual. El segundo paso es visualizarse con esa persona la relación deseada, sienta cada momento, cada imagen como si lo estuviera viendo, permita que sus emociones se activen ante esta situación.

Otro ejemplo, en el área de las finanzas personales o de negocios. Reconocer su nivel actual. Luego visualizar cuantos clientes o ingresos adicionales desea recibir en un determinado tiempo, visualice con detalle, anótelo en una hoja, manténgalo presente. Aunque no lo crea, existe una relación muy poderosa en lo que guarda en su corazón y en su mente. Si algo está en ambos lugares, eso se hace realidad.

Así podemos ir mencionando más ejemplos sobre otras áreas en el desarrollo de su área profesional, en su salud física y en el ámbito espiritual.

Ahora nos hace falta una de las etapas más importantes. Porque la mayoría de las personas se quedan en el deseo, en el sueño, en la etapa de visualizarse. Muy pocas se atreven a pasar a la acción. Les genera miedo a lo desconocido. Soy muy insistente en el proceso de la acción. Usted puede tener buenas intenciones pero si nunca hace nada, nunca va a cambiar.

Cuando logra encontrarse con su propósito bien definido, de una manera mágica despertará en usted pensamientos positivos, con una actitud mental positiva, que nunca antes había experimentado. Sentirá un renacer dentro de su corazón, un sentimiento tan fuerte, una pasión por hacer realidad su sueño anidado en su corazón, de tal manera que su cuerpo se va a empoderar para actuar según las actividades relacionadas con su propósito.

TODO INICIA CON UNA IDEA

En el 2011, realicé mi primer viaje a Estados Unidos para estar en una capacitación sobre Marketing Digital en la ciudad de Tampa, Florida. Tres meses antes del viaje, me apareció una idea sobre escribir un libro, con el objetivo de entregárselo a los presentadores. La verdad, no sabía qué escribir. No tenía ideas para escribir un libro pero si me imaginaba tener un libro, no sabía sobre cual tema tratar, sólo lo pensé y soñé es un libro. Pero nada pasó.

En Septiembre del 2019 sentí una fuerza interior que esa idea de escribir un libro se me hizo más fuerte. Hablé con dos colegas y amigos que son escritores y conferencistas internaciones: Francis Deusa (España) y Roberto Pérez (Puerto Rico). Ambos me motivaron hacerlo. Investigué y descubrí que todo el contenido ya lo venía escribiendo durante estos años, desde nací.

Así que decidí emprender la nueva acción. Nadie en mi familia ha escrito un libro. Así que empecé a preguntarle aquellas personas que ya tienen un libro. Pasé a la acción con mucha pasión para hacerlo realidad, manteniendo mi propósito de añadir valor y ayudar a más personas en sus vidas y en sus negocios.

Me visualicé escribiendo el libro. En un principio no sabía el tema. Permití que la inspiración empezara a guiarme. "Confíe en sus instintos. Es el Universo el que le inspira. El Universo se comunica con usted con la frecuencia de recepción si tiene una intuición o un instinto."[18].

Le soy honesto. Sentí ese impulso, esa emoción que por fin iba a tener algo que hace años lo venía posponiendo. Puse una fecha límite. Nuevamente me visualicé, soñaba cómo iba a ser ese día que lo podía compartir con mis amigos, clientes y más personas. Imaginé el gran impacto que muchas personas les podría dejar. Visualicé los talleres y seminarios que iba a ofrecer. Cuántas personas les podré ayudar con este libro. Nunca pensé cuánto dinero iba a recibir sino cuantas personas podría ayudarles y motivarles. Nunca acepté la idea de escribir un libro es imposible.

Usted también nació con ese poder. Empiece ahora mismo hacer realidad un deseo, un sueño que lo ha venido posponiendo. Le recomiendo compartir ese deseo con personas que ya han hecho algo parecido, ellos le motivarán hacerlo. Al contrario, lo acepté como un reto.

Nunca tenga miedo en aceptar retos, porque es parte del proceso que usted necesita para convertirse en un ser próspero, pueda vivir en un estado emocional de ambición legítima.

LA CONEXIÓN CORRECTA

La idea de mi libro la compartí primero con mis amigos que ya han escrito libros, me motivaron hacerlo, nunca me dijeron cómo hacerlo pero sentí su apoyo por medio de palabras positivas.

Recuerde que nunca tiene que compartir sus sueños y deseos con las personas que no tenían su misma visión. Por el contrario usted recibirá comentarios negativos, por ejemplo, "eso es imposible", "eso no sirve", "madure y busque empleo", "sea como los demás".

Si usted está en el proceso de desarrollar su marca personal para ayudar e impactar a más personas. Le recomiendo que active en su vida el hábito de la urgencia de conectarse con personas que entienden su visión. Que hablen su propio lenguaje del deseo a la acción. Con valores y deseos similares.

Si usted quiere y desea acelerar el proceso de aprendizaje. Tiene que invertir en un mentor. El mentor es aquella persona que ya conoce el camino que usted apenas está empezando. Existen muchos mentores, pero le recomiendo que busque alguna persona que va unos pasos mucho más adelante que usted. Nunca busque a los que ya van muy lejos porque ellos están empujando a los van detrás de ellos.

Una nueva manera de pensar para que su marca personal empiece a impactar es construir las escaleras hacia el camino del éxito porque muchas personas quieren ir con usted. La mejor manera de pasar a la acción es cuando se compromete con usted y con los demás.

Una vez que adquiere la práctica de conectarse al corazón, logrará un nuevo estilo de liderazgo, sin darse cuenta, ha permitido dejar que el poder de Dios, el poder del amor vaya influenciando en su vida y luego en los demás. No tenga miedo porque los que estamos en el camino del éxito, estamos conscientes de este efecto, que muchas veces miramos milagros.

Las relaciones son como las matermáticas básicas. Recuerde que existen cuatro tipos de personas. Las que restan energía a otros. Las que ni suman ni restan. En el otro grupo están ubicadas aquellas personas que suman. Y el último son las que suman y multiplican. Usted decide con cual grupo desea estar y con quien va a permitir conectarse. No importa en cual grupo usted se encuentra ahora, lo que sí es necesario es conocer en cual grupo usted se identifica y qué es lo hace diariamente para estar allí. Todo resultado es la suma de sus acciones diarias.

EL PODER DE LA INFLUENCIA

Una de las palabras muy motivadoras que John C. Maxwell es la siguiente "Influencia es liderazgo, nada más ni nada menos". Realmente, no sé usted, pero la primera vez que le escuché esas palabras en uno de los videos en el *Programa Internacional de Certificación para Coach, Speaker y Trainer – The John Maxwell Team*. Le voy a ser honesto. Lo acepté pero no lo comprendí. Aún mi sistema mental e intelectual no estaba listo para poder entender lo que Maxwell me decía en uno de sus clases privadas.

Una vez que empecé a estudiar sus enseñanzas, el conocimiento estaba más claro. Déjeme y le explico en pocas palabras. El punto inicial es analizar los conceptos como influenciar, liderar y liderazgo. Parecen casi iguales pero son diferentes e incluso mal empleados. En este libro encontrará definiciones que posiblemente no lo vaya a encontrar en Internet ni en ningún diccionario. Mi estilo de enseñanza es explicarle con mis propios ejemplos los conceptos que a veces nos cuenta entenderlo con la primera vista.

En uno de los cursos que estuve con uno de los maestros y expertos en el tema del Coaching con Christian Simpson, dice que "influencia es ayudar a otras personas a entender, comprender y adoptar su propia idea, su propia verdad".

Tal como Napoleón Hill nos dice que "el poder de influenciar es tan poderoso pero muy peligroso". Podemos mirar el ejemplo de Adolf Hittler[19] que influyó todo un sistema político, hizo que toda una cultura entendiera, comprendiera y adoptada una idea. No sé si usted sabía que Hitler no fue alemán, de origen austrohúngaro, lo interesante que Hitler desde joven conoció y descubrió el poder de influenciar pero negativamente. Este personaje es un caso real de cómo este tipo de poder es poderoso y peligroso, impactó negativamente la historia de la humanidad.

Puedo nombrarle otro personaje que influyó en su país, al mundo entero de una manera pacífica, el político Mahatma Gandhi[20]. Poseía el gran poder de un carácter fuerte y firme que influyó pacíficamente, de tal manera, inspiró a Martin Luther King para realizar una protesta no violenta en Estados Unidos. Es impactante el poder de la influencia que puede viajar de un extremo a otro.

Mis dos hijas, cuando nacieron, ellas influyeron directamente en el comportamiento de toda una familia. La llegada de un bebé a un hogar hace que sus padres cambien su manera de ver la vida. Eso me sucedió. Me recuerdo, que en las noches me levantaba cuando mis hijas estaban pequeñas. Mis hijas influyeron y me cambiaron positivamente mi vida.

El éxito de todo profesional y empresario independiente y emprendedor no es lo que está vendiendo, sino el cómo lo está vendiendo. Si logra hablar desde su corazón hacia el corazón de su cliente podrá la verdadera conexión e influenciar de una manera positiva. Esto se logra en el momento que usted abra su corazón y permita sus palabras fluyan hacia el corazón de la otra persona. No cabe duda que el resultado es poderoso.

EL CARÁCTER Y LA PERSONALIDAD

Antes que usted pueda descubrir el poder de la influencia, primero tiene que empezar a empoderarse, a liderar su propia vida. El liderazgo personal viene siendo los cimientos del triunfo de toda marca personal.

Usted tiene que saber que el carácter está definido por sus propios hábitos y conducta en un determinado momento y área de su vida. Por lo que todo inicia en el proceso de analizar su comportamiento y las acciones.

Según el experto en Coaching, Christian Simpson, "El carácter define la personalidad". En mis primeros años de ser un profesional y empresario independiente, no tuve resultados extraordinarios, porque mi propio liderazgo no estaba desarrollado. Tenía la gran intención de ayudar a muchas personas pero mi personalidad no me estaba ayudando. Tenía ideas y pensamientos negativos hacia mi propia personalidad.

Tuve que empezar a descubrir mi propio propósito, mi pasión y el poder interior para mejorar mi carácter, por lo que mi personalidad empezó a cambiar y poco a poco fui descubriendo el poder de influenciar que llevo dentro.

Mientras más desarrolla su carácter, su personalidad le ayudará a influenciar de una manera mágica, aunque no lo crea ese poder invisible podrá viajar de un extremo a otro. Internet le ayuda amplificar esa frecuencia.

Tal como nos enseña John C. Maxwell, dice que "si usted quiere marcar una diferencia con la gente, necesita encontrar personas que piensen en una manera semejante que compartan metas comunes para hacer algo trascendente."[21]. Es hermoso y muy motivador cuando lo empecé aplicar en mi vida personal, con mi familia, clientes y amigos, socios y líderes.

EL MENSAJE QUE IMPACTA

Si decide utilizar la tecnología para impactar y marcar la diferencia, no cabe duda que el resultado es extraordinario, en el siguiente capítulo le voy a demostrar cómo hacerlo por medio de técnicas de influencia y liderazgo virtualmente hablando. Le compartiré mi modelo.

Antes de pasar al siguiente capítulo. Necesito que usted empiece a dejar su huella en los demás de una manera más influyente. Para ello, tiene que iniciar su propio discurso de 3 minutos. No quiero ni deseo que siga perdiendo oportunidades tal como me sucedió en mis primeros meses de emprender mis negocios. Desde nuestros propios errores y de los demás es cómo uno puede mejorar. Espero que aprenda de mis errores.

Cuando empecé con mi emprendimiento y negocio sobre los servicios en marketing digital y marca personal. No tenía un discurso de 3 minutos. Creo que eso les sucede a muchas personas, que al cabo del tiempo uno va perfeccionando la técnica. Le invito que salga, cometa errores y mejore. Si aún no sabe cuál es su discurso, le invito que vaya a las reuniones de empresarios y emprendedores, tírese al agua y trate de realizar su presentación de 3 minutos, hable sobre usted, es la llave para continuar.

Le comparto cómo yo lo hice, poco a poco lo he ido mejorando, depende con quien hable le realizo un pequeño cambio al discurso, pero la base es la mismo. Practíquelo a diario, mirándose al espejo, en voz alta. Revise su postura que genere tranquilidad, expréselo orgullosamente y permita fluir esa pasión que le caracterice. Usted no es un robot, declárelo desde su corazón para lograr esa conexión que necesita para impactar.

Las personas quieren saber quién es usted. Dígalo sin miedo, demuestre que usted es feliz con esa persona que lleva dentro. Tiene que hablar sobre qué hace. Además, si desea impactar el doble, comparto su propósito, le ayudará a conectarse. También, las personas desean saber a quién usted le ayuda, aquí es donde usted puede hacer un pequeño cambio, si desea ayudar a las personas presentes, entonces expréselo.

Y por último, usted les hace un invitación para que conecten con usted, cómo le pueden contactar ya sea por las redes sociales o un sitio, un video en YouTube o teléfono de contacto, o aplicación móvil. Es importante que usted tenga varios discursos pequeños depende de la persona que desea conectarse. El objetivo es que la otra persona se sienta impactada y se identifique con usted por medio de su discurso. Usted tiene que sembrar semillas para cosechar futuras oportunidades. Usted no sabe si en los próximos años le contactarán para ser parte de un proyecto o una nueva oportunidad de ayudar a más personas.

En los siguientes capítulos usted va a descubrir cómo vender su propia marca personal. Le voy a compartir los detalles sobre cuales herramientas del internet tiene que utilizar para que su mensaje y su marca se puedan expandir y por ende, cómo hacer para obtener un alto retorno sobre la inversión económica. Mi deseo que usted monetice su marca personal.

Antes de finalizar, le motivo que empiece a escribir su discurso menos de 3 minutos. No se preocupe si piensa que no es el perfecto. En el camino usted lo va ir mejorando. Le voy a compartir uno que tengo:

"Hola, soy Néstor Alfaro. Soy ingeniero de sistemas, me dedico a cambiar vidas, trabajo directamente con los dueños de negocios y con profesionales independientes para que descubran el líder que llevan dentro, mi negocio y mi persona hemos creado paquetes para que su marca personal o corporativa se posicione en Internet por medio de

las herramientas del Internet. Me puede encontrar en mi sitio web NestorAlfaroCajina.com o en las redes sociales, búscame en Google con mi nombre"

Ahora le motivo que empiece hacer sus discursos. Al final del libro usted va a encontrar los enlaces de mi sitio web y redes sociales. Porque yo soy un ejemplo vivo sobre cómo marcar la diferencia, cómo crear marca personal en internet, usted merece que su marca personal tenga presencia profesional en Internet, cómo yo lo he venido haciendo.

APLICACIÓN PARA EMPODERARSE: EL CAMINO AL ÉXITO

Estamos en un mundo donde la información fluye muy rápido de un lugar a otro. De igual manera sucede con las relaciones y conexiones con otras personas fuera de nuestro ámbito familiar, amigos y clientes. Parte del camino al éxito es buscar relacionarnos con aquellas personas que se encuentran en otro nivel más alto, ya que nos obliga avanzar hacia ese nivel y pensar en el mañana pero accionando en el ahora mismo.

✓ ¿Cuáles actividades y acciones diarias le están impidiendo enfocarse en su mayor deseo?

_____

_____

_____

_____

✓ Describa con detalle su propio propósito y las cosas que más le apasionan que se acerquen al propósito descrito.

_____

_____

_____

_____

✓ Hoy tiene un deseo que lo ha venido posponiendo de años. ¿Cuál es? ¿Qué le impide para iniciar hoy? ¿Cuál es la fecha límite para hacerlo realidad? Realice una lista de pequeñas acciones para hacerlo realidad.

_____

_____

_____

_____

✓ ¿Ya tiene su propio discurso de menos de 3 minutos? Hágalo y apréndeselo. Vaya declarándolo con autoridad.

_____

_____

_____

_____

✓ ¿Cuánto dinero desea recibir en los próximos 7 años?

_____

_____

_____

_____

El Dinero No Es Todo Pero Es Un Elemento Esencial Para Vivir En Paz Y En El Prosperidad.

CAPÍTULO V
EXPANDIENDO SU HUELLA

"Nunca renuncie a sus sueños por cosas negativas que hacen ruido"
John Mason

SER GALLINA O ÁGUILA

En una de las conferencias de James Smith, estuve presente, preguntó: "¿conoce cuál es la diferencia entre una gallina y un águila?". Explica que la sociedad hace que nosotros mismos seamos "gallinas". Estas aves siempre están en un corral, todas actúan de una misma manera, todas tienen una vida muy similar, las gallinas tienen alas pero no saben valor alto y su visión es muy corta. Son aves muy temerosas.

Mientras que el águila es un ave que necesita estar libre para poder volar alto, tiene una visión muy amplia, tiene la capacidad de enfocarse a pesar que tiene un gran panorama. Se enfoca en su presa desde muy lejos.

Cada quien decide ser gallina o águila. Con esto quiero

motivarle que puede cambiar su destino porque usted tiene todo ese poder interior para hacer que su vida sea diferente. Para que usted tenga éxito en su marca personal, primero tiene que creer que es águila, no importa si está o no volando alto. Lo importante es quién es usted y sienta que se merece volar tan alto como águila.

Para que pueda expandir su marca personal, primero tiene que sentir y pensar que sí puede impactar a más personas. Para ser como un águila tiene que aprender en tener una visión más amplia pero con un enfoque muy reducido.

Le recomiendo que empiece actuar ya mismo, salga y cometa errores, mejore a partir de sus errores, vuelva hacerlo de nuevo y fracase de nuevo. No se preocupe la cantidad de impacto, enfóquese en ofrecer calidad de impacto desde su corazón hacia los demás.

MARCANDO VIRTUALMENTE

Tengo la intención que descubra unos pequeños detalles que tiene que conocer sobre cómo utilizar Internet para poder expandir su marca personal. Ahora usted está en el momento perfecto y en su tiempo correcto para iniciar con la expansión de su marca personal tan solo sabiendo algunos pequeños detalles, ya mismo se los voy a revelar.

El hecho que tengo estudios universitarios como ingeniero de sistemas de información y en electrónica, además, tener un negocio en área de herramientas y soluciones digitales, he creado plataformas virtuales, cursos y asesoramientos online para el desarrollo de Liderazgos para Empresarios y Profesionales Independientes. Es posible que usted piense que tengo todo para estar en el nivel más alto del ecosistema de los negocios. Para serle honesto. Esa nunca ha sido mi meta.

Porque mi propósito es ayudar a personas como usted. Me apasiona compartir lo que practico, conozco el camino y por medio de este libro estoy compartiendo algunos detalles importantes para que usted empiece a impactar en una escala mucho mayor que ha venido haciendo. Yo quiero que usted sea un águila.

Al estar en esta industria de la tecnología, asesoramiento, coaching y mentoría, cada día descubro que estoy en un nivel aprendiz. Cada persona que logro conectarme aprendo algo nuevo. Cada día tengo experiencias positivas y negativas que me muestran algo nuevo por aprender. Mi marca personal ya está posicionada en Internet, pero tengo la necesidad de compartir lo que he aprendido porque el éxito total se logra cuando veo que otras personas se han beneficiado y tienen un avance por mis enseñanzas.

El verdadero liderazgo no es la cantidad de dinero que se vaya a recibir sino la cantidad de personas que se les ha logrado añadir y multiplicar valor, motivarles para que descubran su propio propósito, su pasión, su propio liderazgo, su propio estilo de vida, se ha logrado cambiar sus vidas de una manera más impactante.

Uno de los aprendizajes y descubrimiento en el camino al éxito es que las personas nunca le van a comprar sus servicios y productos. Lo primero que las personas necesitan y desean saber quién es usted, qué hace y cómo ellos se van a beneficiar de usted. De esta manera las personas van a decidir a donde van a depositar su dinero para recibir un beneficio.

PERSUADIR O INFLUENCIAR VIRTUALMENTE

Reconozco que cometí errores cuando inicié mis

primeros años como profesional independiente, por falta de experiencia y por no tener un mentor, pensaba en venderle a todo el mundo, me interesaba más en el dinero que en la ayuda. Las personas conocen cuando usted les quiere vender algo. A nadie le gusta que le vendan pero si les gusta comprar.

En una de las enseñanzas de John C. Maxwell descubrí el término de influenciar. Realicé una prueba, adopté vender por medio de la influencia y no persuadiendo. Descubrí que lo que más me hace sentir pleno es la cantidad de personas que les puedo añadir valor en sus vidas y en sus negocios. Una vez que empecé a utilizar la influencia y el liderazgo para vender mis servicios y productos, el resultado fue otro, una nueva experiencia. Todos los días estamos en el proceso de ir mejorando la técnica de vender sin vender ya que la mente es diferente por el tipo de generación.

Necesito que empiece a estudiar y analizar lo que realmente desee hacer. Antes de lanzarse a ser un personaje público por medio de su marca personal, usted tiene que saber que va a tener dos píldoras para vender: Influenciar o Persuadir.

Tal como la película *Matrix*. Usted decide la píldora de la influencia o de la persuasión. Si usted realmente desea cambiar vidas y hacer que las personas puedan mejorar sus vidas o sus negocios, le invito que empiece a tener una vida de liderazgo porque "Liderazgo es influencia" dice John C. Maxwell.

Lo importante es tener claro algunos conceptos para aplicarlos en nuestra vida diaria. Eso es lo que hago, antes de enseñar, primero lo aplico en mi vida, en mis negocios, luego analizo los resultados. Lo vuelvo hacer de nuevo de una mejor manera y cuando tengo varios resultados similares, procedo compartir lo que descubrí con mis socios, clientes y demás personas.

EL NUEVO CONCEPTO DEL INTERNET

El efecto que tiene Internet es exponencial pero tiene que tener cuidado con su vida personal, crear un brecha con su vida a nivel profesional.

Aunque ambas vidas se van a cruzar en el momento que usted viva el liderazgo dentro de su vida, dentro de su hogar, con sus amigos y familia.

Porque su propio liderazgo inicia cuando nadie le está mirando. Parte del éxito de toda marca personal viene con el sello de la integridad. Cuando usted inicia con el proceso de la creación de su marca personal por Internet, es posible que vaya a experimentar una nube de preguntas sobre qué tipo de información compartir, cómo hacerlo y las veces que se va a compartir.

Ese tipo de preguntas están bien. Pero quiero que se enfoque en algo que le va ayudar a impactar a más personas.

Nunca se preocupe por la cantidad de contenido, preocúpese por la calidad de contenido que usted va a compartir en su sitio web, en su blog, un mensaje de correo electrónico, mensajes por las redes sociales.

Recuerde que todo lo que usted vaya a compartir, siempre tiene que contener el sello de su marca personal. Este detalle hace que su publicación sea única y especial, marcando la diferencia.

No se preocupe si tiene dudas sobre el tipo de contenido que va a publicar. Existen técnicas y estrategias de contenido digital que le puedo enseñar ya mismo.

Acuerde que todo lo que usted vaya a compartir tiene que salir de su corazón, porque eso se proyectará en el video, imagen y texto que comparte. Ahora mismo quiero motivarle que empiece a adoptar el hábito de compartir contenido propio y de alta calidad. Recuerde que el rey es el contenido.

La expansión de su marca personal no son los colores ni el logo. La clave es el propósito de añadir valor por medio del contenido propio y original.

Una vez que usted empiece a compartir ese contenido propio que lleva dentro de su mente y corazón, poco a poco, todo se va alineando y su mismo instinto e intuición le van ir diciendo lo que tiene que compartir.

En este libro le voy a regalar consejos fáciles y rápidos para crear contenido digital desde su corazón. En el momento que usted empiece a compartir su propia información, su experiencia, su manera de resolver problemas, sus eventos y actividades, usted se convertirá en una persona influyente con autoridad.

El Internet es el medio de comunicación perfecto para expandir su marca personal. Le felicito si usted piensa de esta manera porque le va a ser fácil y rápido lograr la expansión y rentabilizar su marca personal por Internet.

Le garantizo que el próximo evento que usted vaya a realizar tendrá mejores resultados que el último que hizo. Puesto que usted ya ha venido trabajando en su contenido digital.

Antes de continuar quiero hacer una pausa, necesito que empecemos hablar con el mismo idioma en un nivel técnico pero entendible. A partir de este momento vamos a cambiar el rumbo, nos vamos a elevar con nuevos conocimientos aplicados para el beneficio de su marca personal.

Que su misma marca personal empiece a generar ganancias. Soy de las personas que pienso que todo lo que hago es ganar-ganar de una manera equilibrada. Aunque a veces he perdido o he ganado, así es esto de los negocios.

LAS HERRAMIENTAS DEL MARKETING DIGITAL

Mi promesa con este libro que encuentre lo que necesita para posicionar su marca personal por Internet. Por supuesto, después de haber descubierto su propósito, su pasión y potencial que lleva dentro. Además, conocer el grupo de personas, su mercado meta, a las que desea ayudar.

Vamos empezar por la primera herramienta de mercadeo digital, es la primera puerta hacia el nuevo camino de la conquista para expandirse por Internet. Esta herramienta es el sitio web.

Primero, imagine su oficina local. En Internet sucede lo mismo. Para que su marca personal tenga un espacio virtual, un pequeño espacio dentro del gran universo del Internet, tiene que invertir para tener ese espacio. Por ejemplo mi marca personal tiene su propio espacio es www.nestoralfarocajina.com, este espacio es propio. Ese espacio virtual se le conoce como "Nombre de Dominio". Este es el primer gran paso. El más importante.

Las personas que quieran conocer algo sobre usted, van a escribir su nombre en Google. Si su espacio está bien diseñado, su nombre de dominio, nombre de marca personal .com ó .net, tiene que aparecer, las personas van a hacer clic en el nombre de su marca personal virtual. Las personas hacen negocios con usted porque es real, aparece en Google.

La ventaja más importante es que su Nombre de Marca Personal Virtual va a estar accesible las 24 horas del día, siempre es visible desde cualquier lugar del mundo. En mi caso, tengo clientes fuera de mi país porque ellos han visitado mi Marca Personal Online, miran mis videos en el sitio web y en las redes sociales. De esta manera es como ellos me contactan, ya que estoy influyendo a un nivel más consciente por medio del contenido que comparto en las herramientas digitales. Recuerde que el contenido es el rey, el imán que va atraer a esos clientes potenciales.

Siguiendo con el ejemplo de su oficina local. Tiene que construir sus espacios internos, acomodar los muebles y un lugar especial para recibir clientes. En Internet sucede lo mismo. Su Marca Personal Online tiene que construir una oficina visual, esto lo vamos a llamar Sitio Web de Su Marca Personal.

El sitio web tiene que tener sus propios apartados y secciones internas. Casi siempre esas secciones son conocidos como "Inicio", "Quien Soy", "Mis Servicios", "Mis Productos", "Eventos", "Contáctame", "Blog". Cada una de estas secciones o apartados van a mostrar todo el detalle según el título, cada sección se le conoce como página web.

El contenido de cada página web está relacionado con su respectivo título de la sección. Por ejemplo, la sección "Quien Soy", allí aparece su información, quién es, que ha hecho, cual es su intención, breve historia.

Un Sitio Web es el conjunto de Páginas Web. Así que cuando habla que necesita una página web es porque necesita una sección, pero, si necesita un Sitio Web, le van a cotizar todas las secciones que le indiqué y más otras que usted requiera.

Una de las secciones más importantes del Sitio Web se le conoce como Blog (Noticias o Novedades). Le va ayudar para que su marca personal logre ese nivel de influencia y autoridad que usted merece. Esta sección es como un tipo de Biblioteca. Es donde usted va a compartir sus artículos, noticias y actividades. Es la sección del sitio web donde constante y frecuentemente se va actualizando con un nuevo y poderoso contenido, esto tipo de refrescamiento de contenido es lo que hace que el sitio web aparezca entre los primeras posiciones en Google según el tipo de palabra (palabra u oración) clave en la búsqueda.

Para que su blog se vea organizado vamos a utilizar secciones llamadas Categorías. Por ejemplo, un psicólogo puede tener su blog y sus categorías podrían ser Casos de Éxitos, El psicoanálisis, técnicas de terapias, etc. Todo depende de la especialidad.

En mi caso, usted puede mirar que tengo en mi blog *www.nestoralfarocajina.com/blog*, varias categorías como emprendedor, profesional independiente, liderazgo, coaching, empresario, desarrollo de negocios, etc. Todo relacionado con mi marca personal y servicios profesionales.

El blog no solo le va ayudar a demostrar que usted tiene experiencia y conocimientos en algún tema de su especialidad, sino que le va ayudar a mantener su mente en constante creación de su propio contenido.

Cuando logre el hábito de escribir al menos 1 vez por semana, su blog se va ir llenando de sus propios artículos, su propio contenido. Gracias a este tipo de contenido, las personas le van a encontrar en Google. El contenido propio y original hace que usted se convierta en un líder de la industria.

Luego vamos a tener otras herramientas de mercadeo virtual que son las redes sociales. En pocas palabras, las redes sociales se utilizan para compartir lo que las personas desean recibir y andan buscando. Es muy rara vez que usted me vea en las redes sociales que estoy vendiendo algo. En las redes sociales en donde se comparte los enlaces de uno de los artículos de su blog, además, eventos y actividades que usted hace.

Recuerde que las redes sociales son para compartir beneficios y todo lo que su mercado meta quiere saber sobre usted, los productos y servicios, nunca utilice sus redes sociales como una venta directa. La gente le va a seguir por su contenido explicando los beneficios y ellos mismos le van a preguntar a usted sobre un producto o servicio en específico, usted nada más tiene que darle información, evite vender, con la salvedad que sea una oferta por tiempo limitado.

DIAGRAMA: MARCA PERSONAL VIRTUAL

A continuación le voy a compartir un diagrama, me recuerdo que lo diseñé en el 2017 en una servilleta mientras volaba de regreso a mi casa, en uno de mis viajes de negocio que realizo una vez al año en Florida para reunirme con mis clientes, colegas y reuniones con futuros clientes.

Lo he implementado en cada uno de las personas que quieren utilizar Internet para el beneficio de su Marca Personal. En este diagrama se indica claramente que su negocio (Marca Personal) tiene presencial profesional de una manera muy estratégica, utilizando las tres herramientas del marketing digital (Sitio web público y privado, redes sociales y el correo electrónico). De tal manera que se forma un triángulo, donde cada herramienta tiene relación directa con las demás.

Permíteme y le explico. Si alguien recibe su mensaje de correo electrónico, en su firma aparece el sitio web y las redes sociales. Desde allí puede visitar sus redes sociales y sitio web.

Si otra persona busca en Google, hace clic en su sitio web. Desde su página en Internet puede enviarle un mensaje a su correo electrónico o visitar las redes sociales.

Si otra persona encuentra su perfil comercial en alguna red social, puede ir a otra red social o enviarle un correo electrónico o visitar su sitio web.

Usted tiene que saber que no todos los que trabajan en el desarrollo de sitios web conocen esta estructura, porque son expertos en dicha área. Esto lo he venido estudiando y mejorando. Por supuesto que existen otros detalles para que este diagrama tenga éxito y le genere resultados en su marca personal.

En los capítulos siguientes le voy a llevar a otras áreas importantes que tiene que saber sobre cómo hacer que su marca personal genere dinero. Nunca le voy a prometer cuánto dinero usted va a recibir porque eso es usted quien lo define.

Lo que sí le garantizo que va a recibir llamadas, correos electrónicos y otras acciones que antes no tenía. Obtiene resultados diferentes porque está usando y haciendo cosas diferentes.

APLICACIÓN PARA EMPODERARSE: EXPANDIENDO SU HUELLA

La Era de la Información Digital se está haciendo más fuerte su presencia en nuestras vidas diarias. Las maneras de hacer negocios es otro hace unos años atrás. Todo ha revolucionado en incluso la música, la moda, estilos de vida. Por tal motivo tenemos que aprovechar de esta gran oportunidad de expandir nuestro mensaje. Que nuestro mensaje y ganas de ayudar a más personas se pueda expandir por Internet.

No quiero que usted se limite únicamente con Facebook o Instagram, hoy es el momento perfecto para actuar y hacer algo diferente!

A continuación le quiero ofrecer algunas preguntas claves para que inicie la expansión de su marca personal de generación tras generación:

✓ ¿Qué está haciendo para conectarse con las personas por medio de su propia influencia?

_____

_____

_____

_____

✓ ¿Cuál es el objetivo de su negocio (marca personal)? ¿A cuántas personas quiere impactar en este año? ¿Cuál es su plan para hacerlo realidad?

_____

_____

_____

_____

✓ ¿Cuánto dinero exacto por año desea recibir a partir de su marca personal? ¿Cómo se siente con esa cantidad?

_____
_____
_____
_____

✓ ¿Cuál es el propósito que usted tiene para marcar la diferencia?

_____
_____
_____
_____

✓ ¿Está influenciando con su ejemplo dentro de su núcleo familiar?

_____
_____
_____
_____

✓ ¿Cuál es el nombre de su marca personal virtual?

_____
_____
_____
_____

La Victoria De Toda Marca Personal No Es La Cantidad De Dinero Ni La Posición Sino La Cantidad De Vidas Que Ha Cambiado Y Sigue Cambiando.

CAPÍTULO VI
CREANDO DINERO

"Mi cerebro se vuelve más fuerte cada día porque lo ejercito.
Mientras más fuerte sea, más dinero puedo ganar"
Robert Kiyosaki

CAMBIANDO PARADIGMA DEL DINERO

Desconozco la respuesta que siempre me he cuestionado del por qué las personas que ofrecen cursos o talleres sobre marca personal nunca hablan sobre el tema del dinero, sobre cómo lograr el retorno sobre la inversión. No soy economista. Pero, soy emprendedor, profesional y empresario independiente que siempre tuve la gran duda sobre cuánto cobrar por mis servicios, asesoramientos, coaching y productos digitales.

En una reunión de empresarios, algunas personas se me acercaron y me preguntaron sobre como hago para captar clientes nuevos. Les respondí algo que pensé que iban a concebir mi mensaje.

Posiblemente el error fue que asumí que ellos y yo estábamos hablando en mismo nivel de lenguaje, en un nivel de conciencia donde el mensaje iba a ser asimilado de una vez.

Les compartí parte de la estrategia, que usted ya lo conoce, es realizar videos y compartirlos en las redes sociales, en el blog, además, compartir los beneficios del negocio, productos y servicios.

En pocas palabras, utilizar el poder de la influencia y liderazgo para hacer que muchas personas puedan acercarse a mi o algunos de mis negocios. Esto gracias al Internet, el cual es un medio sin fronteras. Dicho de otra manera, la clave para expandir y crear credibilidad es compartir quien soy o quien es la compañía.

Es posible que estas personas aún no estuvieran preparadas para asimilar el mensaje. Fue como si estuviera hablando en chino y sus respuestas fueron simples "ok, gracias". Esta es una de las estrategias que aprendí para filtrar clientes realmente interesados y preparados para ayudarles.

Le compartiré mi propio conocimiento y experiencia, muy rara vez encontrará alguna referencia, ya que el tema de marca personal y el dinero son un tema misterioso. Ya mismo le voy a confesar algo que lo he venido utilizando y si usted lo aplica en sus negocios, en su desarrollo de marca personal, nunca va a tener que vender. Recuerde que tiene mucho valor que ofrecer. Usted tiene que seleccionar a su cliente, tiene el derecho y deber de ser más selectivo a la hora de darle servicios a alguien que en verdad valore su trabajo y su tiempo.

Para que tenga éxito en su mercado tiene que conocer el juego, tener una estrategia y táctica para ganar. Tiene que jugar el juego y no ser uno más de los que miran jugando. Siempre soñé en tener mi libro, tuve miedo, empecé a jugar y hoy tengo oportunidad de compartir con otros exponentes en el área de desarrollo personal, negocios y liderazgo, porque decidí meterme a jugar y ganar.

Siempre va a tener miedo pero permítame y le comparto una serie de actividades que usted puede pasar esa línea, y la mejor noticia, puede modelar mi sistema de marketing digital las veces que le sea necesario. Es lo mejor que usted puede hacer. Estar afuera de la zona del confort porque es el único lugar donde descubrirá su propósito. No tenga miedo en romper sus propios paradigmas.

EMPIECE A GANAR HOY MISMO

Recordemos que la Era de La Industria ya pasó hace muchos años. Ahora estamos en la Era de la Información Digital. Aunque todavía hay personas que piensan que sólo existe una manera de obtener dinero: el empleo.

El alto porcentaje de desempleo en nuestros países hispanos tiende a incrementar. En estos momentos el mundo laboral es inestable. Las personas viven con miedo al estar sin empleo. Ahora que me recuerdo mis dos experiencias de estar sin empleo. Fue una gran bendición porque descubrí el gran líder que estaba dormido dentro de mí ser.

En muchos cursos y talleres sobre marca personal nunca hablan sobre monetizar. Es posible que desconozcan cómo hacerlo porque sólo son puentes de información. En este libro voy a hablarle del dinero. Sobre este bien tan lleno de bendiciones. El dinero no es malo, es un bien que nos ayuda a obtener las cosas materiales, el alimento, invertir en cursos, viajar, etc.

Wallace D. Wattles en su Libro "La Ciencia de Hacerse Rico" dice que "la posesión del dinero y las características, vienen como consecuencia de hacer cosas de un cierto modo" La primera vez que lo leí, en verdad, no lo comprendí pero la acepté, lo escribí y lo guardé en mi mente. Después de varias semanas rondando por mi mente, descubrí el gran secreto de los negocios.

Cuantas veces usted ha tenido una idea que podría generar dinero por ejemplo, una cafetería, un restaurant, un servicio comunitario, hasta venta de productos caseros, lo que sea. De pronto ha dejado esa idea y continúa con su vida. Al cabo de varios años, mira a otra persona con esa misma idea, inmediatamente piensa o dice "hace unos años tuve esa misma idea". Si la próxima vez que tenga una idea de negocio, hágala suya.

Es importante enfatizar que el dinero nace de una idea, pero esa idea la tiene que hacerla suya, guardarla en su corazón y en su mente. Una excelente práctica es escribirla en una hoja, hágalo de la siguiente manera, escriba oraciones sueltas, no importa si suenas sin sentido lógico, hasta llegar al punto que no tenga ninguna idea o pensamiento relacionado con el tema, luego, guarde esa hoja y revísela cada noche, justo antes de dormir, nunca crtique ni se juzgue. Si nunca lo ha hecho, le invito que lo haga. Va a descubrir el gran milagro del poder de las ideas de negocios. De una simple idea madre, aparecen muchas ideas hijas, de esas ideas alguna es la que va a generar dinero, es la idea que más se adapta a sus necesidades, talento, propósito y habilidades actuales.

APROVECHANDO OPORTUNIDADES

Si usted continúa analizando y pensando en esa idea.

Descubrirá el gran poder de la mente, descubrirá cómo su propia mente le va ir dando algunas ideas e incluso va a estar mirando oportunidades que antes no las veía.

Le recomiendo que cuando le aparezca una oportunidad, le insto que pase a la acción, no importa si tiene claro lo que va hacer pero confíe más en su instinto e intuición que su propia lógica. Porque el Universo y la Mente Divina se comunican con usted por medio de la intuición. Recuerde que una mente preocupada y agitada nunca intuye.

Por eso es tan importante tener bien claro cuál es su propósito, qué cosas le apasiona hacer. Permítase que ese fuego interior se haga más grande cada día. Realice todos los días pequeñas acciones enfocadas para que ese gran sueño se haga realidad de una vez por todas.

Si usted empieza hacer todo lo que he venido diciendo, le garantizo que encontrará muchas ideas para hacer negocios. Como premio de su esfuerzo, enfoque, trabajo y el creer en usted, recibirá su pago, ya sea en dinero u otro tipo de beneficio equivalente. Nunca se preocupe, el tiempo es perfecto, porque Dios siempre le va poner personas en su camino para que le ayuden

Las oportunidades se hacen, se crean desde su pensamiento, emociones y la acción enfocada. Si usted sólo se queda en tener una idea, y nunca hace algo para ejecutar dicha idea, realmente es una persona soñadora. Porque las oportunidades en acción le ayudan a crecer y mejorar.

COBRANDO JUSTAMENTE

Recordemos que hacer negocios, es tan simple como un intercambio de bienes donde ambas partes se van a beneficiar. Así fue cómo entendí el concepto de hacer negocios, nunca fui preparado para tener mi propio negocio.

Por ejemplo, a su carro se le daña una llanta. Usted va a una llantera. Le ayudaron a resolver su problema. Aquí es donde inicia el negocio. Usted se beneficia porque su automóvil ya está buen estado, y a cambio de ese beneficio usted le entrega dinero, porque el negocio es un intercambio de bienes, usted recibe el beneficio de una llanta arreglada, usted intercambia el beneficio obtenido por dinero.

Es importante que usted tenga claro el concepto sobre hacer negocios de una manera justa. Donde ambas partes se sientan felices, usted por ofrecer un servicio o producto y su cliente porque se siente satisfecho por su ayuda. Usted ha invertido tiempo y la otra persona invierte dinero.

En el momento que la otra persona obtiene un mayor beneficio respecto a la cantidad de dinero que usted recibe, allí es donde se inicia el intercambio en equilibrio, porque esta persona se va a sentir en duenda con usted, por lo que va a empezar hablar bien de su marca personal, recomendará sus servicios y productos. Aquí es donde sus clientes se convierten en sus mejores vendedores. Usted los puede premiar ofreciendo algún beneficio extra. Dios quiere y desea que usted viva en abundancia y en prosperidad, entonces, prospere cobrando lo que realmente tiene que cobrar. Ofrezca algo gratis y un descuento pero nunca regale su trabajo.

RECIBIENDO EL DINERO JUSTO

En nuestra cultura hispana, nos ha hecho creer que cobrar barato es lo mejor. Cometí es gran error que a largo plazo me afectó en mis negocios. En mis primeros años de estar trabajando como profesional independiente, me conformaba cobrar lo mínimo por mis trabajos, cometí el gran error de regalar mis trabajos.

Llegué a un nivel donde mi negocio generaba lo mínimo, pero nunca llegaba a la meta mensual. Hasta que un día, analizando la estadística financiera descubrí que yo era el responsable por cobrar barato. Tuve que cambiar la mentalidad de cobrar barato porque estaba permitiendo que mi labor no tuviera el verdadero valor que merecía.

Después de muchos ajustes de precios, logré conseguir un precio justo y adecuado para mí y para el cliente. Es importante definir un precio que nunca tiene que ser muy bajo porque nunca le van a respetar su trabajo, eso fue lo que me sucedió en los primeros años.

Uno de mis grandes errores. Yo pensaba que bajar el precio iba a captar muchos clientes y lo que estaba captando era clientelas conformistas y querían que yo hiciera milagros sin que ellos hicieran nada, al final perdí porque dejaban de pagar.

Después decidí subir un precio intermedio pero tenía mucha competencia. Cuando usted cobra un precio promedio, realmente nunca va a conseguir clientes, porque ese número corresponde a las estadísticas. Al utilizar datos promedio, usted está haciendo que su negocio sea uno más del promedio.

El siguiente nivel. Tuve que romper el paradigma mental "bajo precio muchos clientes" y lo cambié por "Precio justo y clientes de calidad". Si usted va a monetizar su marca personal, es lo que yo le motivo hacer, todos lo hacen, puedo mencionarle algunos como Tony Robbins, Jack Canfield, Robert Kiyosaki, etc. Ellos están en un alto nivel porque han creído serlo y merecedores de tenerlo. Es lograr una comunicación asertiva para poder subir de nivel deseado.

No tenga miedo en cobrar el precio justo. Lo que yo le recomiendo que pueda utilizar el precio promedio como una referencia y añadirle un poco más porque usted y su marca valen más que el promedio. Usted tiene mucho potencial, tiene todo el talento para defender ese precio. Mientras más alto sea su precio, más beneficios y más compromiso van a existir por ambas partes. Hágalo y descubrirá gran sentido de satisfacción al dar y recibir de una manera justa.

EL MODELO QUE FUNCIONA

El mercadeo digital es un modelo donde se utilizan los principios de liderazgo e influencia. Primero tiene que ofrecer los beneficios del producto, tiene que enseñar el producto o servicio, decir quién es usted por medio de videos, compartir un contenido de alto valor en las redes sociales y en el blog.

Usted está brindando contenido de alta calidad para que las personas se interesen en usted. El contenido digital es su imán para atraer personas interesadas por sus servicios o productos. La venta va a ser mucho más rápida y más segura porque la persona sabe lo que va a recibir. Tiene que compartir lo que su comunidad necesita saber de usted, sobre sus productos y servicios, nunca tiene que compartir las características sino los beneficios.

Por medio del Internet usted puede crear su propia comunidad. Ninguna vez se limite con Facebook, porque eso no funciona. Si en verdad desea crear una comunidad, tiene que crear un sitio web con su respectiva marca personal, tiene que escribir en el blog al menos dos veces a la semana. Todos los días compartir en las redes sociales imagen, texto y video, algo pequeño pero relevante donde usted se muestre que desea marcar la diferencia y añadir valor.

Una vez que vaya construyendo su propia comunidad virtual le va a ser mucho más fácil venderse e incluso muchas personas van a pagarle no por lo que usted ofrece sino por su propio liderazgo e influencia que ha venido construyendo en el tiempo.

LA CLAVE DEL ÉXITO ONLINE

Ya mismo deseo que empiece a utilizar los tres ingredientes del modelo del marketing digital. La clave es la acción. Siempre tenga presente que puede aplicar su propia creatividad, mantenga la calidad de sus productos y servicios, y busque la manera de innovarse.

Estas son las 3 claves para que su marca personal siempre esté activa y vigente: la creatividad, la calidad y la innovación. Si usted tiene el hábito de aplicar estos ingredientes y combinarlos con perseverancia, persistencia y pasando a la acción, el resultado es sorprendente.

Que no le suceda lo mismo que muchos que empiezan y suben al nivel más alto pero de pronto desaparecen. Es porque ningún momento tuvieron el cuidado de utilizar la creatividad para mejorar sus negocios, de ningún modo se innovaron respecto a la tendencia del mercado, nunca se preocuparon por mejorar la calidad del producto o servicio.

Le soy honesto. He tenido y seguiré teniendo errores en mis negocios y emprendimientos por el simple hecho de que me faltaba más conocimiento, en ocasiones nunca tuve un mentor y otras veces fallé sin consciencia. Eso es parte del aprendizaje de la vida. Si usted nunca fracasa es porque usted está muerte en vida.

Para lograr éxito en Internet es necesario que usted

tenga bien claro cuál es su propósito de vida y que lo conecte con el modeo de negocio que está utilizando. Sobre todo, tenga claro en nunca vender, sino, en potencializar su marca personal con una ayuda genuina, desde el corazón porque el dinero viene después.

LIBERTAD FINANCIERA

Le quiero motivar que no tenga miedo al sueño y deseo de ser libre económicamente. Es necesario saber cómo hacerlo realidad, porque usted se lo merece. La libertad financiera que le comparto no es vivir en un mar de billetes. Es más que eso.

A mi juicio. Es tener la tranquilidad y control de su propio fortuna. Saber lo que le va a ingresar y en lo que va a invertir. El dinero es una bendición. Lo malo sobre el dinero, nunca es la cantidad, sino es la manera de cómo lo utilizamos, todo inicia desde una idea, luego se convierte en un sentimiento y en seguida la acción sobre el uso de cada centavo que recibimos y damos.

Una persona desdichada materialmente tiene mentalidad de pobreza y ha aceptado ese estado mental de escasez. Mientras una persona que siempre tiene dinero es porque su mentalidad es de abundancia y de gratitud.

La mejor noticia que usted puede apalancarse con su propia marca personal para hacer crecer su área financiera e ir construyendo su independencia financiera. Le recomiendo que se asesore con un profesional en finanzas, para que tenga control básico sobre sus gastos e ingresos. La fórmula básica, más ingresos, menos gastos, más ahorros para un propósito definido.

Otro punto que deseo compartir en este importante tema. Su carácter afecta directamente la cantidad de dinero que tiene ahora. Lo he comentario anteriormente, sus hábitos respecto al dinero más su conducta es lo que definen su carácter de hoy, y por lo tanto, su personalidad es afectada según su carácter.

Le insto que cobre lo que tiene que cobrar. Reciba el dinero justo respecto al servicio y producto que ofrece. Siempre busque conectarse con el corazón del cliente para conocer sus necesidades. Como resultado, su comprador le pagará sin remordimientos.

APLICACIÓN PARA EMPODERARSE: CREANDO DINERO

Henry Ford nació en una granja, en una familia muy pobre, al oeste de Detroit, USA. Gracias a Ford se le conoce como el padre de las cadenas de producción modernas utilizadas para la producción en masa. Se convirtió en uno de los personajes de la historia que amasó gran cantidad de dinero.

Usted y yo, hoy, tenemos las mismas y mejores oportunidades de lograr una vida mucho más tranquila desde el punto de vista económico. La pobreza es el resultado de una mentalidad de escasez, la riqueza financiera es el resultado de acciones y compromiso a la abundancia y control de nuestra economía personal. Si somos buenos administrando nuestro dinero, nuestro negocio va a ser triunfante económicamente.

Muchos negocios bien establecidos han llegado a la quiebra no por la economía mundial sino por mal uso del dinero interno.

A continuación le quiero ofrecer algunas preguntas claves para que inicie con la riqueza financiera:

✓ ¿Cuál es su propio concepto de libertad financiera?

_____

_____

_____

_____

✓ ¿Cuáles son sus acciones que le impiden en evitar controlar sus gastos e ingresos?

_____

_____

_____

_____

✓ ¿Cuál es el precio actual de sus servicios y productos? ¿Es feliz con ese precio o considera que tiene que ser más alto?

_____

_____

_____

_____

✓ ¿Cuánto dinero desea recibir en un año? ¿Hoy está haciendo algo por construir el camino?

_____

_____

_____

_____

✓ ¿Usted quiere vivir igual o mejor? ¿Qué le está impidiendo para vivir el estilo de vida que tanto desea?

_____

_____

_____

_____

La Verdadera Riqueza Viene Desde Adentro Y Se Materializa En El Mundo Externo.

CAPÍTULO VII
LA EXCELENCIA

"El éxito se obtiene en pulgadas por vez, no en millas"
John C. Maxwell

CONECTÁNDOSE CON LOS MEJORES

Permíteme, le voy a contar uno de mis mejores momentos donde descubrí el gran poder de las conexiones. En este año, 2019, estuve presente en una de las conferencias de John C. Maxwell en Costa Rica. Le soy honesto, he participado ante conferencistas en el tema de desarrollo personal y motivacional, pero ninguno me impactó tanto como el señor Maxwell.

Luego de unas semanas tuve la curiosidad de estudiar y optar por un certificado de Conferencista y Coach a nivel internacional. Aquí viene lo interesante. Cuando busqué en Google sobre certificados para ser conferencista y ofrecer charlas de una manera mucho más profesional, la sorpresa fue que apareció John Maxwell. En ese momento me pregunté, qué tiene que ver ser conferencista y coach con Maxwell si este señor es escritor. Porque tengo varios libros de Maxwell. Me sorprendió debido que el señor John no sólo es escritor y conferencista internacional sino que tiene empresas y ofrecer certificaciones a nivel internacional.

Al cabo de varios días, volví a buscar en Google. Lo interesante que allí apareció nuevamente John Maxwell ofrecía lo que yo andaba buscando. Pero no le di importancia, seguía mirando otros sitios web, como universidades y cursos en línea. Pensé, otro día continuaré investigando.

Después de tres semanas, volví a buscar nuevamente temas para tener un certificado internacional para ser coach y conferencista. ¿Adivine quien me volvió a salir? ¡Sí! Otra vez John Maxwell. Entonces, decidí completar un formulario para recibir la información. La respuesta me sorprendió, 48 horas recibí un mensaje por WhatsApp y desde entonces empecé a tener una nueva conexión con un asesor de ventas del *John Maxwell Team Español*. Al cabo de 4 meses decidí ser parte de la comunidad internacional de The John Maxwell Team.

He descubierto que mis mejores decisiones han sido tomadas con visión, que se encuentren alienados con mi propósito, desde el corazón con la ayuda de la intuición e instinto.

Desde ese momento empecé a encontrar una serie de personas a nivel mundial y en América Latina, incluso en Costa Rica que nunca los había encontrado. El Poder de la Conexión es poderoso y el mismo Universo hace todos los movimientos para que uno se pueda conectar con otras personas de una manera mágica.

Si Paul Martenelli y John C. Maxwell no se hubieran

asociado para formar The John Maxwell Team y su respectiva plataforma educativa virtual, posiblemente yo no hubiera escrito este libro ni conocido a personas que de una u otra manera me han ayudado a ver la vida de una manera diferente con una gran gama de oportunidades.

Además, gracias al Internet Paul, John y su equipo han podido educar a millones de personas, con la magia de tener presencia profesional en Internet con un sitio web público, un sitio web privado, además, ellos también publican a diario en las redes sociales. Un gran ejemplo a seguir.

Ya mismo usted tiene la oportunidad de impactar, tiene la misma oportunidad como lo están haciendo los grandes líderes mundiales como John C. Maxwell, Paul Martenelli, Tony Robbins, entre otros.

CERRANDO CICLOS PARA AVANZAR

¿Sabía que todo lo que escribe, se guarda en su corazón y se hace realidad? Permítame contarle algo personal y en verdad me ha funcionado. En la tarde del 31 diciembre del 2018, tomé una libreta y empecé a escribir. Primero agradeciendo todo lo que la vida me ha regalado, todo lo que Dios me permitió vivir, por haber aprendido de mis errores. Luego escribí una lista de metas para el siguiente año, lo escribía desde mi corazón y no desde mi lógica.

Además, declaré por medio de la escritura que el 2019 iba a ser el inicio de nueva etapa de mi vida, todas las áreas de mi ser. Escribí que el 2018 era el año que tenía que cerrar ciclos, porque sentía que necesitaba cerrar ese ciclo y empezar otra etapa con nuevas metas, propósito definido y crear nuevas oportunidades.

Aunque usted no lo crea. Este año 2019 ha sido, uno

de mis mejores años. Se lo comparto porque quiero que usted también lo haga. No se espere llegar al 31 de diciembre, hágalo también en su día de cumpleaños porque ese día debería ser importante de su vida.

Mi cumpleaños es el 23 de diciembre, ese día lo tomo para meditar de lo que hice y lo que dejé de hacer, de lo que tengo que cambiar, es un acercamiento a mi propio ser integral, es como hablarme a mí mismo. Es un momento mucho más íntimo, de hecho, mis cumpleaños son aburridos porque lo único que deseo es compartir con mi familia, además recibo mensajes y llamadas. Aburrido, ¿verdad?

Usted merece crecer en esa área espiritual y mental. Tiene que empezar a cambiar esas ideas falsas que le están atando, que no le están permitiendo subir de nivel. Tiene que cerrar los ciclos. Luego descubrirá al día siguiente una vida totalmente feliz sin resentimientos.

Parte del éxito de toda marca personal es la libertad mental y espiritual, esto se logra con el perdón y el desapego de experiencias negativas.

CREANDO COMUNIDAD PARA EXPANDIRSE

Es trascendental que usted empiece a crear desde su mente nuevas y potenciales relaciones que le ayuden a ser mejor persona. Sobre todo, creando su propio equipo para expandir su liderazgo.

Usted tiene control de su mente, su poder mental genera esa frecuencia llamada sentimientos, es lo que atrae personas, situaciones y cosas de la misma magnitud de lo que está pensando. Créalo o no, así es como sucede en la vida real, en cada segundo de nuestra vida.

Si ahora tiene una necesidad de nuevas relaciones que

le ayuden a mejorar, le felicito porque usted está transmitiendo esa necesidad a Dios, es porque ya existen ese tipo de personas, usted sólo tiene que enfocarse y prepararse para recibirlas en su vida.

¿Cómo se logra nuevas conexiones? El siguiente paso es cambiar de una manera más consciente sus actividades diarias para poder hacer realidad esas nuevas conexiones. A continuación le comparto algunas preguntas que le han ayudado a mis clientes por medio de mis servicios de coaching:

- ✓ ¿Qué hacen estas personas para crear conexiones?
- ✓ ¿Qué tengo que hacer para conectarme con este tipo de personas?
- ✓ ¿Estoy dispuesto a pagar el precio para estar en nivel que deseo estar?
- ✓ ¿Por medio de mi marca personal puedo conectarme con estas personas?
- ✓ ¿Qué me motiva para buscar y conectarme con estas personas?

Por tanto, le motivo que empiece a trabajar en dejar huellas en las demás personas. Le voy a compartir una técnica para que usted lo haga. Tiene que ir construyendo su marca persona desde su corazón.

Empiece con pequeños grupos de personas que necesiten de sus servicios o productos. Demuestre genuinamente su interés de mejorarles sus vidas y negocios.

La clave del triunfo a la hora de expandir su marca personal es por medio de las herramientas del marketing digital.

No cabe duda que compartir su propio contenido, que sea original, genere un alto valor e impacto es lo que le ayudará para que su marca personal se vaya posicionando en las mentes de sus seguidores e ir creando esa gran comunidad virtual y presencial alrededor de su marca personal.

Después de haber hecho esto, tiene todo el derecho de comercializar su marca personal, cobrando el precio donde usted se sienta feliz y sea justo para su cliente y usted se sienta feliz por el precio justo. No tenga miedo en cobrar alto, haga la diferencia, el precio le ayudará posicionarse entre los mejores. Se lo merece. No tenga miedo en cobrar alto. Empodérese para que respeten su marca personal.

¿ESTOY MARCANDO LA DIFERENCIA?

Mi nacimiento fue complicado, cuenta mi padre, que tuvieron que sacarme de emergencia del vientre de mi madre, a los 8 meses de embarazo, dicen que soy un milagro porque muy pocos bebes sobreviven. Nací morado, sin poder respirar, tenía el cordón umbilical arrollado en mi garganta. Los doctores le dijeron a mi padre "Le estamos haciendo todo el proceso al bebé, tiene que esperar las primeras 72 horas". La vida es un milagro.

¿Cuántas historias usted tiene donde se le ha revelado un milagro? ¿Realmente se siente que es un milagro de vida?

Por sí mismo, la vida es lo más hermoso que usted tiene. Para poder marcar una diferencia tiene que tener en cuenta el nivel de compromiso que se tiene ante la misma vida, es empujar y ayudar aquellos que están iniciando en el camino de la conquista del ser.

Ese caminar diario que usted ya lo ha recurrido, aunque sea sus primeras millas en la ruta del éxito diario.

Algo que me apasiona es compartir enseñanzas que yo mismo he vivido, he aprendido y siento una gran necesidad de compartirlo. Cuando usted cuenta su propia historia, las personas saben que está hablando desde su corazón. Muchas personas por querer ganar dinero, logran convencer con historias ficticias, utilizando técnicas de persuasión, eso es lo que usted no tiene que hacer, tiene que ser honesto y auténtico. Primero sea usted tal como es, porque allí inicia la venta de su propia marca personal.. Antes de vender, sea feliz con lo que hace.

Una manera de dejar huellas en la vida de los demás es priorizar en actividades que le generen más ingresos en las 5 áreas de desarrollo de su vida: finanzas, vocación y negocios, relaciones, su cuerpo físico y en el plano espiritual como mental. Cuando lo haga a un nivel más consciente y se compromete, usted marcará a muchas personas por medio su propio ejemplo. El éxito de su marca personal es cuando se logra congruencia entre lo que dice y lo que hace. Hable poco y haga mucho, es lo que le va ayudar.

Haga lo que haga, hágalo desde su corazón. Tal como nos comparte Paulo Coelho "y es que el amor no necesita ser entendido, simplemente necesita se demostrado".

PRIORIZAR PARA LA PRODUCTIVIDAD

Existen numerosos modos de empezar a intercambiar un mal hábito por otro que le ayude a mejor e impulsar su marca personal. Tiene que priorizar sus actividades diarias. Algo que aprendí de uno de mis primeros jefes es que siempre tomaba una hoja en blanco, todo lo apuntaba en esa hoja, era una hoja que sólo él la entendía.

Todo lo que apuntaba eran actividades que tenía que

hacer el siguiente día. Un día en la mañana, le observé que tenía seleccionado en otro color 3 actividades.

Le pregunté qué era eso. Me dijo "de todo lo que tenía que hacer ayer, sólo estas 3 son las más impactantes que generan mayores ingresos a la empresa".

Desde entonces, adopté esa práctica. Pero, en vez de hojas sueltas, utilizo un cuaderno, allí voy anotando lo que tengo que ir haciendo.

Al día siguiente yo sé qué cosas tengo que hacer para ir mejorando mis servicios, mis productos, negocios e incluso asuntos familiares, por supuesto mis áreas de desarrollo personal.

Soy una persona muy organizada, me gusta saber cuál es el siguiente paso. Me ha ayudado a calmar y enfocar mi mente extrovertida.

He aprendido que a veces tengo que romper las reglas de lo planeado, aunque al día siguiente si me organizo que tengo que dejar a un lado mis negocios para compartir con mis socios y familia.

La actividad para priorizar tiene que ir de la mano con las actividades que más le gusta hacer, lo que más le llenan de placer y felicidad. Porque todo lo que usted vaya hacer en el día, tiene que generarle satisfacción interior.

Aunque usted no lo crea, ese bienestar personal se convertirá en un beneficio físico, ya sea dinero, alimento, nuevas conexión para hacer negocios, mejoramiento en alguna de sus áreas.

Usted necesita hacer las cosas de una manera estratégica, sabiendo cómo jugar y las reglas del juego. Uno de mis errores cuando inicié con el emprendimiento de mi negocio, yo creía que trabajar día y noche iba a tener mejores resultados.

Descubrí que tenía que planificar mi tiempo respecto a las actividades que me podían generar un beneficio para los demás y para mí. Poco a poco fui mejorando, tuve errores, me comprometí a ser más productivo haciendo menos. Ahora sabemos que una persona muy ocupada es porque tiene un desorden en sus deberes. Cuando usted se organiza, le queda tiempo para potencializar su ser.

MAXIMIZANDO EL ACTIVO MÁS VALIOSO

La productividad y el maximizar el tiempo van de la mano. Cuando planificamos un viaje, siempre aparecen imprevistos. Uno de mis viajes de negocios, planifiqué reunirme en un mismo día con los clientes ubicados en la ciudad de Brandon, Florida, Estados Unidos.

De pronto, apareció una encrucijada donde me invitaron ir al otro día a la misma ciudad para estar presente en un programa de radio online en la oficina de mi amigo Gustavo Bustamante, en temas de finanzas. Esto no lo tenía planificado pero lo hice.

Cuando usted planifique el día siguiente o para alguna actividad tiene que saber que van aparecer imprevistos, a mi juicio son nuevas oportunidades.

Por lo que los planes tienen que ser manejables pero el propósito no tan flexible. Cuando suceden momentos y situaciones inesperadas es importante tener la mente en calma. Usted tiene que tener control sobre sus propios pensamientos, emociones, acciones.

"El pensamiento y el carácter son uno solo, y mientras el carácter sólo se manifiesta y descubre a través de las circunstancias, el entorno de la vida de una persona siempre estará en armonía con su estado interior"[22].

No se preocupe, tiene que aprender del error, puede mejorar el plan pero nunca tiene que perder de vista hacia donde se dirige, su meta por alcanzar, moverse de una manera estratégica.

APLICANDO LA LEY DE PALETO

Una técnica que puede hacer para impactar a más personas y dejar huellas por medio de su marca personal es utilizar la Ley de Pareto[23]. El famoso 80/20. Aunque usted no lo crea. Esta ley se aplica en las técnicas y estrategia del marketing digital.

Ahora quiero regalarle una estrategia muy poderosa para que la pueda aplicar. "El 80% de sus publicaciones tiene que enfocarse en la red social Instagram. Luego el otro 20% del tiempo de mercadeo en redes sociales, enfocarlo primero en LinkedIn, después en publicar en su blog, después crear video y compartir en YouTube, después Facebook y Twitter"[24].

Esta es una técnica que enseño a nuestros clientes corporativos como profesionales independientes y emprendedores. Cuando ellos descubren el cómo ser más productivos, realmente los resultados se van obteniendo en pocas horas después de haber hecho un cambio en la estrategia.

También se puede aplicar en el tema de la productividad. El 20% de sus actividades más importantes le van a generar el 80% de sus ganancias. Mientras que el otro 80% de las demás actividades le generan el 20% de ganancia. Usted decide si hace menos y gana más o hace más y gana menos.

Haga una lista de 10 actividades que vaya hacer el día de mañana. Verifique y seleccione dos de ellas que le van a concebir ganancias de cualquier índole.

Hágalo de primero. Luego haga las otras. Usted se dará cuenta que su mente enfocada es el tesoro para aprovechar al máximo su tiempo.

Todo esto parece teoría, pero es cierto. Yo lo he comprobado en muchas ocasiones, en todas las áreas de mi vida, por ejemplo. Las dos primeras actividades del día son las más importantes: hacer ejercicios y la lectura, ambas actividades son de 30 a 45 minutos. Luego realizo las otras 8 actividades del día. Porque las primeras dos me ayudan a tener claridad y enfoque mental y físico.

DISEÑANDO SU DESTINO

Antes de continuar, quiero motivarle que ya mismo empiece a tomar su vida como resultado de su propia escultura. Dios nunca le va a cuestionar cuantos errores ha cometido, sino, lo que nunca ha intentado hacer con sus talentos y terminarlo con persistencia.

Usted tiene en su interior todas las herramientas para hacer posible que su marca personal genere ese impacto que usted anda buscando y la cantidad de dinero que desea recibir.

Nunca se olvide que usted puede dominar su mente. Usted tiene todo el poder para que su propia mente le regale nuevas ideas para prosperar y vivir en abundancia.

Tiene que pasar a la acción con un propósito definido, conocer su Por Qué. Le ayudará a mantenerse firme cuando aparecen esos momentos difíciles. Usted ya está diseñando su marca personal, lo único que tiene que hacer es comercializarse, no tenga miedo a los errores, las fallas son los escalones que usted necesita para subir de nivel.

Usted es el Miguel Ángel de su propia vida, su propio futuro. "Crea su vida con sus pensamientos y sus sentimientos"[25].

Lo que necesita es empoderarse, active ese gran líder que lleva adentro, realice actividades relacionados con su propósito, con su por qué. Active ese fuego ardiente que lleva dentro para vivir el estilo de vida que desea vivir. Se lo merece.

Recuerde que si usted no tiene control de su vida total, alguien externo a usted lo hará, y lo peor, ese alguien no le importa si usted es feliz o no. Esa persona que está diseñando su destino tiene que ser usted porque Dios le ha otorgado ese derecho. Hágalo suyo.

APLICACIÓN PARA EMPODERARSE: LA EXCELENCIA

No importa si ahora no tiene construido un negocio rentable y está en el proceso de la independencia financiera. Pero lo que sí es importante y necesario para su vida es que hoy está emprendiendo su propio negocio. Hágalo con mucha felicidad y gratitud porque muchos desearían estar en su lugar.

Recuerde que tiene que mejorar el 20% de sus actividades para que pueda obtener un alto retorno del 80% en las 5 áreas del desarrollo de su marca personal.

Realice una lista de actividades que le van ayudar para lograr que su vida sea más relevante. Luego propóngase hacer una por día. Usted obtendrá un alto retorno tan sólo realizar una pequeña actividad por día que sea enfocada hacia su propósito y pasión.

✓ ¿Hoy, se está relacionando con las personas que son mejores que usted? Busque 5 personas que sean mejores que representen cada una de las áreas del desarrollo de su marca personal.

_____

_____

_____

_____

✓ ¿Cuántas historias usted tiene donde le han demostrado que es un milagro de vida y que realmente tiene un propósito de vida?

_____

_____

_____

_____

✓ ¿Cuál es su propósito de vida?

_____

_____

_____

_____

✓ ¿Cómo son esas personas a que le apasionaría ayudar?

_____

_____

_____

_____

✓ ¿Cuál es su mayor motivación para hacer que su marca personal le genere dinero?

_____

_____

_____

_____

✓ ¿Le motiva dejar una huella de éxito?

_____

_____

_____

_____

Un Propósito De Vida Bien Definido Y Fácil De Recordar Hace Que La Vida Sea Emocionante.

CAPÍTULO VIII
DETALLES HACE LA
DIFERENCIA

"Hoy, la educación financiera de una persona es más importante
que nunca, porque las cosas están cambiando más rápido que antes"
Robert Kiyosaki

EL PODER DE MENTES MAESTRAS

Hace unos años, en uno de los cursos y talleres virtuales que compré por internet. Empecé a estudiar sobre el tema de desarrollo de negocios virtuales y marketing digital, descubrí un concepto muy interesante llamado "Máster Mind" o "Mentes Maestras".

Este nuevo término lo vine leyendo en el libro de Napoleón Hill y dice "No hay dos mentes que se unan sin crear por ello una tercera fuerza invisible e intangible que puede enlazar con una tercera mente"[26].

En pocas palabras, es cuando usted se reúne con sus

socios y conversan sobre un tema, luego cada quién expone su punto de vista, al final de la reunión todos los presenten llegan a estar conectados mentalmente que se forma una gran mente que genera ideas, y estas ideas fluyen y se reflejan en una de las mentes humanas que están presentes.

Uno de los impulsos que me motivaron a escribir este libro fue el efecto de estar en un Máster Mind Virtual, donde nos hemos reunido 6 miembros del Equipo de John Maxwell, todos estamos ubicados en diferentes países y culturas: Argentina, Colombia, Costa Rica, Estados Unidos, Panamá, México.

El objetivo es estudiar y compartir experiencias una vez por semana, donde analizamos un capítulo por semana del libro *"Las 15 Leyes Indispensables Del Crecimiento"* escrito por John C. Maxwell. Lo interesante que después de la semana 4, la relación se hace mucho más fuerte.

De hecho, aparecen nuevas relaciones para hacer futuros negocios. A pesar de la distancia, se ha formado un grupo tan fuerte que entre todos nos apoyamos unos a otros.

Si usted necesita y quiere que su marca personal se pueda expandir por medio del Internet, le motivo que empiece hacer mentes maestras, son reuniones cuyo objetivo es compartir y crecer, es hablar sobre un tema específico. Le recomiendo que busque un libro de crecimiento y estúdielo con otras 7 personas durante 7 semanas.

Si usted desea estar en un *máster mind* conmigo, sólo tiene que visitar mi sitio web y allí encontrará detalles sobre mis mentes maestras.

Una de las técnicas muy poderosas para posicionar su marca personal es por medio de las reuniones de tipo mentes maestras.

EL DERECHO A COMERCIALIZARSE

Recuerde que nunca tiene que vender su marca personal. Usted es profesional y ahora en adelante va hacer la diferencia. No sea el vendedor de su propia marca personal. Los vendedores utilizan la persuasión. Pero usted hace la diferencia, utilizará el poder de la influencia.

Ya existen técnicas y estrategias para aplicar en Internet como una nueva manera de captar clientes. No es vender. Quiero que elimine de su vocabulario la palabra vender.

Usted lo que va hacer es mostrarse como experto en su industria, usted va a compartir en sus videos sobre lo que usted sabe, explicará el por qué, el para qué, el para quien, el cuándo, el donde. En ingles se le conoce como las *"4 W's: what, who, where, when"*. Lo que le van a comprar es el *"How"*, *"el cómo se hace"*. Usted vende "el cómo".

De esta manera usted está elevando la conciencia de los demás y ellos van a analizar y descubrirán que en verdad van a necesitar de sus servicios y productos, inmediatamente le van a contactar por teléfono, le escribirán un correo electrónico o un texto por alguna aplicación de mensajería. Le garantizo que de esta manera usted está sembrando para recoger frutos en un corto o largo plazo. Por medio de la influencia virtual usted está construyendo una relación de mucho más confianza y de crecimiento con los futuros clientes.

No se olvide que expandir y posicionar su marca personal es un proceso. Tal como lo hace el bambú japonés. En uno de mis primeros artículos, en mi blog personal, escribí sobre el proceso del bambú japonés. "Donde tarda entre 6 y 7 años para que su tallo salga de la tierra, pero la planta llega a crecer más de 30 metros en un periodo de 6 semanas"[27]. Todo lo bueno y lo mejor tiene su precio y hay que pagarlo.

Asimismo, se aplica en el proceso de crecimiento de su marca personal. Le recomiendo que empiece hacerlo ya mismo. No importa si cuenta con el dinero o con las herramientas. Pero tiene lo más valioso es su imaginación, propósito, pasión y ganas de salir adelante.

DESARROLLANDO LA VOCACIÓN

Muestra que me ayudó fue en analizar cuáles son mis fortalezas y talentos naturales, cuales habilidades tengo que adoptar y mejorar.

Pregúntese:

- *¿En qué tengo más habilidad?*
- *¿Qué cosas me apasiona hacer de tal manera que sea una nueva manera de obtener dinero?*
- *¿Qué habilidades y experiencias se relacionan con mi pasión y mi propósito?*
- *¿Cuántas personas me han pedido hacer algo que más me apasiona hacer y tengo habilidades para hacerlo?*

Este es uno de los puntos más importantes antes de cobrar y hacer que su marca personal le genere dinero. Primero es hacer lo que más le apasiona, lo que le hace feliz. Nunca se enfoque en la cantidad de dinero. Sino en ayudar, en la satisfacción de sus clientes, que su comunidad mire en usted ese gran deseo de verlos en un nivel mucho mejor. Enfóquese en el dinero social, en las personas.

Cuando usted trabaja en un área donde le apasiona,

donde su propósito va de la mano con lo que ofrece, le garantizo que nunca más volverá a trabajar. En lo personal, tengo más de 10 años de hacer lo que más me apasiona.

He elaborado programas virtuales con el fin de ayudar a las personas, algunos he tenido éxito y otros fracasos. Me apasiona enseñar lo que practico, me motiva mirar a las personas que pasan a la acción porque eso me hace ver que estoy haciendo bien las cosas, lo que hago va de la mano mi gran propósito.

AYUDANDO SU COMUNIDAD

Una vez que usted descubre en cual área o industria se va a posicionar. El siguiente paso es conocer a quien le va ayudar. Olvídese de la idea que "todo el mundo". Mientras más específico sea su enfoque es mucho mejor.

Usted es un águila, tiene que agudizar su visión. Le será fácil para captar más clientes potenciales. Tiene que buscar un pequeño grupo de personas donde tengan un mismo problema, una misma necesidad, usted tiene toda la pasión, el talento y la experiencia necesaria para resolver el problema de su mercado. Usted tiene ese remedio, la solución que ellos andan buscando con ansiedad. De esta manera usted podrá ayudarles con pasión para que ellos puedan confiar en usted para pagar el precio justo.

Cuando descubra cual es ese pequeño grupo de personas, va a conocer cómo hablan, el tipo de lenguaje, la manera de comunicarse, establecer el mensaje perfecto para que ellos se identifiquen que usted les tiene la solución. Tiene que estudiar su mercado meta. Es imaginarse cómo son ellos, su manera de actuar. Para que el marketing y la venta de sus servicios y productos, talleres o cursos, sea una conquista, realice un buen trabajo en las 3 M's: Mercado, Mensaje y Medio.

Una venta exitosa es cuando se ha enfocado en el mercado o grupo de personas correctas. Usted ha creado un mensaje correcto, con las palabras y el lenguaje que este grupo se ha identificado. Ha utilizado el medio correcto para conectar con el mercado correcto y con un mensaje correcto.

Uno de los errores que muchos hacen que creen que todo el mundo está en Facebook. Es posible que en esta red social no se encuentre la gran mayoría de esas personas, sino que en Instagram u otra red social para profesionales como es LinkedIn. Tiene que analizar donde se encuentran ellos para utilizar el canal de comunicación correcto.

HAGA ACCIONES DESDE EL CORAZÓN

Con más de 10 años de experiencia en el tema de marketing digital y sistemas de información digital le quiero motivar que pase a la acción para invertir en su sitio web con su respectivo blog, construir una presencia profesional con las redes sociales.

Por supuesto aplicar algunas técnicas sobre el posicionamiento de marca personal en otros sitios web como en Google y otros. Internet es la herramienta que ayuda a expandir el mensaje de su marca personal.

Amazon, Apple, Facebook y otras grandes empresas y marcas personales como John C. Maxwell, Tonny Robbins. Todos empezaron en una pequeña escala, pasaron a la acción, se visualizaron en grande e hicieron una gran comunidad alrededor de su marca. Usted tiene ese mismo derecho.

Ahora le agradezco y le motivo que pase a la acción.

Planifique y cambie su plan cada vez que pueda pero manténgase en acción, nunca realice una pausa, nunca tiene que permitirse que todo el proceso creativo se paralice. Realice planes de un solo paso, analice el resultado y vuelva hacer la actividad pero una forma mejorada, obtiene otro resultado y así sucesivamente hasta llegar al resultado deseado.

Tenga una meta poca flexible. Luche por su sueño, ese sueño ya es suyo, está en su corazón, hágalo realidad con pasión, con acción, perseverancia y tenga amor en todo lo que haga.

Quiero motivarle que empiece a desarrollar su marca personal basado en las 5 áreas más importante de todo ser:

- Desarrollar y crecer en el *área de la economía y finanza* personal y profesional, vaya construyendo su propio concepto de libertad financiera.

- Fortalecer su *salud física*, en la salud y fortalecimiento de su cuerpo. Porque un cuerpo enfermo es como un automóvil en el taller sin poder hacer nada.

- Mejorar las habilidades y talentos naturales. Además, fortalezca las debilidades. Aprenda y descubra nuevas formas de innovar, aumentar la calidad de sus servicios. Desarrollando una de las áreas que llamamos Desarrollo *Vocacional y Profesional.*

- Buscar nuevas conexiones y mantener esas *relaciones* que le ayuden a subir de nivel. Viva en un ambiente sano, con valores. Viva su vida con pasión. No tenga miedo en eliminar esas relaciones tóxicas.

- Desarrollar los conocimientos y experiencias con una actitud positiva en un plano *mental y espiritual.* Todo ser humano necesita estar en contacto con el Creador, con Dios, tener esa relación directa. Es necesario ser una personal espiritual con una combinación de desarrollo de nuevos conocimientos y experiencias para vivir en paz interior. Estudiar es la clave que su cerebro se mantenga en forma y le genere ideas ganadoras.

Que este libro en verdad le pueda motivar e impulsar el desarrollo de su propia marca personal desde adentro hacia afuera de una manera más consciente y exitosa.

Usted tiene todo el derecho de expandirse como el universo sin límites, que su marca personal se pueda expandir por medio de las herramientas del marketing digital y su mensaje llegue a tocar a millones de corazones.

Quiero que sea parte de la comunidad hispana más de 3mil personas. Esa es mi meta. Donde una vez por semana comparto una enseñanza, y usted puede mirar las enseñanzas anteriores, por favor visite el siguiente sitio web, le invito para que sea parte de mi club virtual, puede visitar ya mismo y registrarse totalmente gratis, puede consumir todo el contenido como videos, talleres, ebooks, etc. **www.club.nestoralfarocajina.com**.

Esta plataforma virtual podrá participar y compartir su experiencia, lo que ha aprendido con este libro y mis respectivas enseñanzas. Quiero mirar su nombre, su marca personal, su propósito, descubra cómo otras personas se han beneficiado de mis enseñanzas, mentorías y coaching.

Para finiquitar, le deseo de corazón que su marca personal pueda generar felicidad, paz, prosperidad y abundancia.

Acuerde que vivimos en un mundo lleno de oportunidades, la clave es tener una mentalidad de abundancia y de riqueza, con un propósito bien definido, con acciones enfocadas al propósito. Usted tiene todo el derecho de hacer que su vida sea totalmente diferente.

APLICACIÓN PARA EMPODERARSE: DETALLES HACE LA DIFERENCIA

Tenemos que estar agradecidos por vivir en esta época. Debido que la información está al alcance de todos. Pero no todos quieren aprovechar esta oportunidad.

Gracias al empoderamiento personal, usted va a descubrir el mensaje que muchas personas desde hace siglos vienen diciendo: El poder de hacer posible todo lo que usted desea, en realidad inicia en su corazón y en su mente. Para que todo deseo se haga realidad, la clave es la acción enfocada, hacerlo hoy mismo.

Usted tiene todo el derecho de tener riqueza, prosperidad y abundancia en cada una de las 5 áreas de su vida. Una vez que usted descubra su propósito y su pasión, no cabe duda que inicia una vida de transformación.

✓ ¿Qué tipo de mentalidad tiene? ¿Riqueza y Abundancia? ¿Pobreza y Escasez?

_____

_____

_____

_____

✓ ¿Cómo es la relación entre usted y el dinero? ¿Tiene un plan de gastos e ingresos? ¿Tiene deudas con tarjetas de crédito? ¿Tiene el reto de tener más dinero en su cuenta bancaria?

_____

_____

_____

_____

✓ ¿Qué está haciendo para desarrollarse en su campo de trabajo? ¿Cuál es su nivel de rendimiento? ¿Lo que usted hace hoy, realmente le apasiona y está relacionado con su propósito de vida?

_____

_____

_____

_____

✓ ¿Usted tiene problemas con las demás personas? ¿Cómo es la relación con su pareja, padres, hijos, con sus hermanos y demás familia, con sus compañeros, socios y amigos? ¿Es honesto con la relación de sus clientes y socios?

_____

_____

_____

_____

✓ ¿Qué tipo de pensamiento tiene al iniciar el día? ¿Agradecimiento? ¿Usted se enfoca en el problema o en la búsqueda de la solución del problema?

_____

_____

_____

_____

✓ ¿Usted es feliz? ¿Se siente bien con su cuerpo? ¿Cómo es su salud física? ¿Se enferma muy seguido o siempre es una persona sana?

_____

_____

_____

_____

La Magia De La Vida No Es El Tener Ni El Hacer, Es El Ser.

EPÍLOGO

¿QUÉ ES LO QUE MÁS ME MUEVE?

En el año 2019, cuando escribí este libro a mis cuarenta y tres años de edad, descubrí que cada acción que yo haga tiene una repercusión en el futuro, ya sea dentro de días o meses, e incluso hasta años.

Cuando tenía unos 13 años de edad, empecé a mirar dos tipos de personas. El primer grupo eran felices, se veían que disfrutaban la vida, mientras que el segundo grupo, siempre estaban de mal humor, a pesar que ellos tenían lo necesario para vivir felices.

Después de varios años, descubrí que esas personas felices tenían libertad, se conectaban con las personas, tenían sus negocios. Creo que desde niño quería ser lo que hoy soy. Eso para mí fue una relevación del poder de visión que se puede lograr cuando guardamos algo en nuestro corazón.

Lo que guardamos en nuestros corazones se cumplen de una u otra forma. Así que tenemos que tener cuidado lo que vamos a guardar, esas ideas y emociones deben ser positivas, porque todo se hace realidad. He logrado entender que cada deseo guardado en el corazón se va haciendo realidad en el momento que estemos listos para recibirlo.

Cuando usted decide tomar control sobre su mente, ella misma se conecta con la mente de Dios. Cuando esto sucede, el Universo se mueve, las personas, cosas y situaciones surgen en su vida.

Es maravilloso cuando se logra entender el gran secreto, guardado desde los dos meses de gestación cuando su corazón se ha formado. Dios mismo ha trabajado para cultivar su propósito.

Antes de finalizar. Deseo compartir estas preguntas. Hoy día, estas preguntas las tengo en mi subconsciente, de tal forma que en cualquier momento del día me pregunto de manera automática. Pero las respondo a un nivel consciente. Una técnica para saber si lo que hago o lo que haré están relacionados con mi propósito a nivel personal o de negocios.

- ¿Cuál es el tipo de vida que usted siempre ha deseado tener, vivir?
- ¿Qué está haciendo hoy para hacer realidad ese estilo de vida que desea?
- ¿Ya tiene un plan para hacerlo realidad?
- ¿Cuál es su primera reacción ante un problema? ¿Cómo solucionarlo? ¿Por qué a mí? El por qué genera dudas. ¿Usted adonde se posiciona, por debajo o encima de sus problemas?.
- ¿Se está reuniendo con personas mejores que usted?
- ¿Cómo se proyecta dentro de 2, 5, 10 años?
- ¿Tiene un problema? Felicidades. No se preocupe.

Ocúpese.

- ¿Qué es lo que más le mueve para hacer realidad su deseo ardiente?
- ¿Usted vive por vivir o desea dejar huellas en generaciones anteriores?
- ¿Usted desea construir su marca personal para construir escalones para que otros suban en su propia escalera?
- ¿Usted está influyendo o persuadiendo para que los demás le compren sus servicios o productos de su marca personal?
- ¿Se está reuniendo con 5 personas para estudiar este libro u otro que he mencionado aquí con el fin de poner práctica lo enseñado?
- ¿Qué tipo de estrategia tiene para poder comunicarse con más personas para ayudarles por medio de su marca personal?
- ¿Usted desea expandir su marca personal por Internet y hacer que su mensaje llegue a más personas, poderse conectar virtualmente?
- ¿Tiene opciones diferentes fuentes de ingresos?
- ¿Su tiempo es un activo o un pasivo?
- ¿Usted es feliz con su propio ADN?

No tenga miedo a cambiar. Las personas siempre van hablar de usted. Es mejor que hablen que está haciendo cosas diferentes, ellos no se sienten capaces de hacerlo, por eso le va van a criticar porque usted ya ha encontrado su propósito, se está desarrollando para expandir el mensaje de su marca personal por internet para que más personas puedan subir de nivel. Si le dicen que eso es imposible, alégrese, usted va por buen camino, como me dijo un día mi padre "utilice esas palabras negativas, impúlsese sobre ellas".

Recuerde que usted está acompañado por muchas personas que están marcado la diferencia, tienen valores y propósitos parecidos. Lo que usted necesita es subir su visión, ese sueño sea más alto, de esta manera podrá conocer a esas personas que le acompañarán y le ayudarán a seguir adelante.

Piense y crea que mañana es mejor que hoy pero hoy usted tiene que actuar para cambiar su versión del mañana. La competencia de su marca personal es usted, es su espejo. Mientras más alto se visualice más lejos el mensaje de su marca personal llegará.

Empodérese y cobre la cantidad de dinero que usted sienta desde su corazón que sea justo para su cliente como para usted.

Recuerde que usted se merece estar en un nivel mucho más alto que está ahora, tiene todo el potencial para lograrlo, estoy seguro de ello. Cambie y mantenga cada día un pensamiento de prosperidad y de riqueza, elimine de todo aquello que le reste energía, que le genere pensamientos y sentimientos de pobreza y escasez.

Lo importante es que crea y tenga fe en su intuición e instinto, son sus herramientas que le ayudan a iluminar ese camino cuando todo está oscuro, utilice su propósito para avanzar lo más rápido, salga rápido de ese momento oscuro.

Que Dios y la fuerza del Amor del Universo le bendigan, le ayuden, para que el mensaje de su marca personal deje huellas a más personas. Que el nombre de su marca personal sea recordado por muchas generaciones. Por haber marcado la diferencia y encontrado su propósito. El mejor legado que usted puede dejar es su propia marca personal, su ejemplo de ser un cambio total de su propia vida como de muchas otras.

Quiero compartir con usted una oración sobre el amor:

"El amor es paciente y muestra comprensión.
El amor no tiene celos, no aparenta ni se infla.
No actúa con bajeza ni busca su propio interés.
No se deja llevar por la ira y olvida lo malo.
No se alegra de lo injusto sino que se goza en la verdad.
Perdura a pesar de todo, lo cree todo, lo espera todo y lo soporta
todo." [28]

BIBLIOGRAFÍA

1. Wikipedia. Concepto Marca Personal.
https://es.wikipedia.org/wiki/Marca_personal
2. Napoleón Hill & W. Clement Stone. "La actitud mental positiva". Sexta edición. Marzo 2015. Pag.220
3. John C. Maxwell. "Vivir intencionalmente". Primera edición. Octubre 2015. Pág. 245
4. Salmo 23.
5. John Mason. "Lo imposible es posible". Primera edición. 2003 Pág. 170 - 171
6. Dr. Camilo Cruz y Brian Tracy. "Piense como un millonario". Cuarta Edición, 2007. Pág. 137
7. John C. Maxwell. "El mapa para alcanzar el éxito". 13a Edición, Octubre 2010. Pág. 105
8. Napoleón Hill "Los manuscritos perdidos de Napoleón Hill". Primera Edición, Mayo 2009. Pág. 105
9. Mateo 7:7.
10. John C. Maxwell, conferencia en Costa Rica, Marzo 2019.
11. Rhonda Byrne "El Secreto". 2007 Pág. 163
12. John C. Maxwell. "El mapa para alcanzar el éxito". 13a Edición, Octubre 2010. Pág. 22
13. Anthony Robbins. "Poder sin límites". Sexta edición, 2014. Pág. 37
14. Orison Marden. "El poder de creer en uno mismo". Segunda Edición, 2010. Pág. 89
15. Napoleón Hill. "Piense y Hágase Rico". Cuarta Edición, Enero 2012.Pag. 84.
16. Rhonda Byrne. "El Poder". Primera Edición. Octubre 2010. Pág. 9
17. Robin Sharma. "El líder que no era licenciado". Primera Edición, 2010. Pág. 214
18. Rhonda Byrne "El Secreto". Primera Edición.2007 Pág. 56.
19. https://es.wikipedia.org/wiki/Adolf_Hitler
20. http://es.wikipedia.org/wiki/Mahatma_Gandhi

21. John C. Maxwell. "Vivir intencionalmente". Primera edición. Octubre 2015. Pág. 168

22. James Allen. "Como hombre piensa". Pág. 6
http://nestoralfaro.net/club/vip/JamesAllen-Como-Un-Hombre-Piensa.pdf

23. http://es.wikipedia.org/wiki/Principio_de_Pareto

24. http://nessware.net/estrategia-80-20-en-marketing-digital/

25. Rhonda Byrne. "El Poder". Primera Edición. Octubre 2010. Pág. 14

26. Napoleón Hill. "Piense y Hágase Rico". Cuarta Edición, Enero 2012.Pag. 203.

27. http://nessware.net/bambu-japones-y-tu-emprendimiento

28. Corintios 13:1-7

ACERCA DEL AUTOR

Ingeniero de Sistemas de Información y en Electrónica,
profesional en el desarrollo de software, aplicaciones móviles.
Emprendedor y Empresario de negocios virtuales
Presidente de la agencia de Marketing Digital Nessware.Net.
Miembro de The John Maxwell Team.

En la actualidad se dedica a ofrecer asesoramientos, coaching,
entrenamientos, talleres y conferencias a emprendedores y
profesionales en el campo de desarrollo personal enfocado a
desenvolver su propia marca personal.
Cuenta con su propia marca personal en Internet, con su
respectivo sitio web y redes sociales:
http://nestoralfarocajina.com | #EmpoderateConNestor

Actualmente tiene un programa virtual de liderazgo para
profesionales independientes con más de 3mil hispanos
registrados en dicha plataforma virtual.
http://club.nestoralfarocajina.com

"Enseño Lo Que Practico"
Néstor Alfaro Cajina

Sígame en las redes sociales
http://linkedin.com/in/nestoralfarocajina
http://instagram.com/nestoralfarocajina
http://facebook.com/nestoralfarocajina
http://twitter.com/nestoralfaroc
http://youtube.com/nestoralfarocajina
Visita mi blog personal: http://nestoralfarocajina.com/blog

Déjame su comentario sobre el libro:
https://nestoralfarocajina.com/mislibros
Autor Amazon: http://amazon.com/author/nestoralfarocajina

COMENTARIOS DE LOS LECTORES

"Cuando Néstor me obsequio su libro 1era Edición, me imaginaba que seria sobre lo que él explica la parte visual y cuál fue mi sorpresa cuando entendí lo que nos quiere enseñarnos es sobre nosotros mismos ya que cada uno somos nuestra propia marca. Felicidades Néstor porque diste exactamente en lo que necesitamos. Este libro es una buena guía para aprender a vendernos a nosotros por lo que somos."
Jeanneth C Rodríguez- Gutiérrez
Coach, Formadora y escritora Betseller en Amazon
Zephyrhills, Florida, USA

"Estaba buscando algún libro que me enseñara sobre cómo crear mi marca personal e influenciar. Al empezar la lectura vi que no soy el único viviendo un inicio frustrante de emprendimiento. Pero con una actitud enfocada sí se puede lograr el sueño de tener su propio negocio. Muchos éxitos!"
Francisco Acevedo
Presidente BikeLaneCoffee, Emprendedor Artesanal
Tampa, Florida, USA

"Si claro!!! En realidad muy agradecida porque me reconectaste con mi fuerza interior, sentí como que ya sabía lo que dices en tu libro, y créeme sentí en mi interior un gran fuerza que me asegura que voy por buen camino, me sentí feliz. Es como si tú hubieras leído mi mente."
Ana María Zepeda
RealState, 21Century
Guadalajara, Jalisco, México

"Este libro es como una parte de la Biblia, hay que leerlo todos los días porque contiene muchos mensajes positivos, que nos mantiene enfocados en la vida.

Algo que me gustó del libro de mi Coach fue el concepto de desarrollarse personalmente, 'tiene que ver que usted es el producto de su herencia'.

El cuerpo necesita el gimnasio para mantenerse fuerte y el cerebro ocupa de los libros buenos, este libro ayuda a mantener el cerebro fuerte y saludable.

Gracias Néstor!"

Christian Cruz
Miembro de Teamsters Union, Local 25.
Massachusetts, Boston, USA

"Conocí a don Néstor, me habló sobre abrir un sitio web y redes sociales para mi negocio. Desconocía su importancia y transcendencia. A pesar de mi desconocimiento en este campo del marketing digital, aproveché sus conocimientos y experiencia.

Él con más maestría elaboró el sitio web y redes sociales, me enseñó su uso y me empoderó para que yo pudiera darle seguimiento. Un gran éxito!

Ahora comparte un gran conocimiento en el tema más importante de todo ser humano: Empoderarse es la clave del éxito de todo ser. Felicito a don Néstor por su gran enseñanza.

Dios lo bendiga. Gracias!"

Máster Flory Isabel Meza Calvo
Homeópata
Santo Domingo, Heredia, Costa Rica

Empoderando Su Marca Personal

¡Todo lo que necesita saber para crear, posicionar y ganar con su marca personal!

NÉSTOR ALFARO CAJINA

Made in the USA
Columbia, SC
12 May 2024

35181642R00083